江西省农村公路中小桥梁设计通用图（试行）

（第4册　共13册）

装配式钢筋混凝土简支实心板梁上部构造

编制单位　江西省公路科研设计院
批准部门　江 西 省 交 通 运 输 厅

编　　号：13–4
跨　　径：10m
斜 交 角：0°、15°、30°
荷　　载：公路—Ⅱ级
桥面宽度：5.0m、6.5m、7.5m、8.5m

人民交通出版社股份有限公司
China Communications Press Co.,Ltd.

图书在版编目（CIP）数据

江西省农村公路中小桥梁设计通用图：试行．4，装配式钢筋混凝土简支实心板梁上部构造 / 江西省公路科研设计院编制；江西省交通运输厅批准．—北京：人民交通出版社股份有限公司，2016.7
ISBN 978-7-114-13249-0

Ⅰ．①江…　Ⅱ．①江…　②江…　Ⅲ．①农村道路—跨径—公路桥—钢筋混凝土桥—桥梁设计—通用图—汇编—江西省　Ⅳ．①U441.142.5

中国版本图书馆 CIP 数据核字（2016）第 183076 号

江西省农村公路中小桥梁设计通用图（试行）
（第4册　共13册）

书　　名：装配式钢筋混凝土简支实心板梁上部构造
著 作 者：江西省公路科研设计院
责任编辑：赵瑞琴
出版发行：人民交通出版社股份有限公司
地　　址：（100011）北京市朝阳区安定门外外馆斜街3号
网　　址：http://www.ccpress.com.cn
销售电话：（010）59757973
总 经 销：人民交通出版社股份有限公司发行部
经　　销：各地新华书店
印　　刷：北京鑫正大印刷有限公司
开　　本：880 × 1230　1/8
印　　张：4
版　　次：2016年7月　第1版
印　　次：2016年7月　第1次印刷
书　　号：ISBN 978-7-114-13249-0
定　　价：220.00元（全套共13册　总定价：3900.00元）

序

近年来，江西省农村公路发展迅速，据2013年年底江西省公路电子地图数据统计，全省农村公路桥梁共计18568座/601754延米，其中农村公路四、五类危桥共计4917座/166080延米，约占农村公路桥梁总数的26.48%。虽然我们采取了多项措施加大了农村公路危桥改造工程建设，但省农村公路危桥改造目前仍然存在一些问题，农村公路危桥数量较多且呈增长趋势，农村公路桥梁安全形势仍然较严峻。因此，农村公路中小桥梁的设计施工和工程质量直接关系到我省农村公路网络的安全畅通和有效服务。

为贯彻科学发展观，保证中小跨径公路混凝土桥梁结构的安全度，提高结构的耐久性，实现设计和施工的标准化、生产的工厂化和机械化，并具有良好的可维修性和可更换性，江西省交通运输厅给江西省公路管理局下达《江西省农村公路中小桥梁设计通用图》编制计划，江西省公路管理局委托江西省公路科研设计院，针对全省农村公路桥梁的特点，编制了本系列通用图。

本系列通用图的内容涵盖了装配式后张法预应力混凝土箱梁（简支）、装配式后张法预应力混凝土空心板梁（简支）、装配式钢筋混凝土实心板梁（简支）、现浇钢筋混凝土箱梁（连续）、现浇钢筋混凝土空心板梁（简支和连续）、现浇钢筋混凝土实心板梁（简支）、现浇钢筋混凝土板拱桥等上部结构形式及相应的下部结构形式。

本系列通用图的编制主要依据《公路工程技术标准》（JTG B01—2014）《公路桥涵设计通用规范》（JTG D60—2015）《公路钢筋混凝土及预应力混凝土桥涵设计规范》（JTG D62—2004）和《公路桥涵施工技术规范》（JTG/T F50—2011）等标准规范。

具体使用时，要求充分理解设计规范的意图和通用图的设计本意，结合工程项目的具体情况，予以完善和补充。设计单位和业主可以根据项目的具体情况，在本系列通用图中提出的设计要求的基础上，对某些设计要求予以一定的提高，并在详细的核算后予以调整。

期望本系列通用图的出版，能为实现资源节约型、环境友好型交通发展，进一步提高全省农村公路桥梁建设的可持续发展，有一定的启迪和促进作用。

参加本系列通用图编制的成员主要有钱济章、徐友才、刘辉、肖琦、周海旺、涂昀、梁靓、邓凌燕、龚汉清、钟曙亮、彭德清、吴义林、涂文玲、周琦、涂清艳等。

本系列通用图咨询单位为中交第一公路勘察设计研究院有限公司。

在此向支持和关心本项目工作的江西省交通运输厅和江西省公路管理局等单位的领导及参与项目技术审查的专家们一并表示感谢！

江西省公路科研设计院

二〇一六年五月

总 目 录

序号	图册名称	主要技术标准			
		跨径（m）	汽车荷载等级	桥面宽度（m）	斜交角
一	上部结构				
1	装配式后张法预应力混凝土简支箱梁上部构造	20	公路—Ⅱ级	5.0、6.5、7.5、8.5	0°
2	装配式后张法预应力混凝土简支空心板梁上部构造	16	公路—Ⅱ级	5.0、6.5、7.5、8.5	0°、15°、30°
3		13	公路—Ⅱ级	5.0、6.5、7.5、8.5	0°、15°、30°
4	装配式钢筋混凝土简支实心板梁上部构造	10	公路—Ⅱ级	5.0、6.5、7.5、8.5	0°、15°、30°
5		8	公路—Ⅱ级	5.0、6.5、7.5、8.5	0°、15°、30°
6		6	公路—Ⅱ级	5.0、6.5、7.5、8.5	0°、15°、30°
7		5	公路—Ⅱ级	5.0、6.5、7.5、8.5	0°、15°、30°
8	现浇钢筋混凝土连续箱梁上部构造	3×16	公路—Ⅱ级	5.0、6.5、7.5、8.5	0°
9	现浇钢筋混凝土连续空心板梁上部构造	3×13	公路—Ⅱ级	5.0、6.5、7.5、8.5	0°
10	现浇钢筋混凝土简支空心板梁上部构造	13	公路—Ⅱ级	5.0、6.5、7.5、8.5	0°、15°、30°
11	现浇钢筋混凝土简支实心板梁上部构造	10	公路—Ⅱ级	5.0、6.5、7.5、8.5	0°、15°、30°
		8	公路—Ⅱ级	5.0、6.5、7.5、8.5	0°、15°、30°
		6	公路—Ⅱ级	5.0、6.5、7.5、8.5	0°、15°、30°
		5	公路—Ⅱ级	5.0、6.5、7.5、8.5	0°、15°、30°
12	现浇钢筋混凝土板拱	13	公路—Ⅱ级	5.0、6.5、7.5、8.5	0°
		10	公路—Ⅱ级	5.0、6.5、7.5、8.5	0°
二	下部及附属结构				
13	下部及附属结构	5、6、8、10、13、16、20	公路—Ⅱ级	5.0、6.5、7.5、8.5	

本册目录

说　　明

一、技术标准与设计规范

本通用图编制主要依据：

1.《公路工程技术标准》JTG B01—2014

2.《公路桥涵设计通用规范》JTG D60—2015

3.《公路钢筋混凝土及预应力混凝土桥涵设计规范》JTG D62—2004

4.《公路桥涵施工技术规范》JTG/T F50—2011

5.《公路交通安全设施设计技术规范》JTG D81—2006

6.《钢筋焊接网混凝土结构技术规程》JGJ 114—2014

二、技术指标

主要技术指标表

公路等级	设计荷载	桥面宽度（m）	车道数	斜交角（°）	一孔桥梁片数	预制梁长（m）	预制梁高（m）	预制梁最大吊装重量	设计安全等级	环境类别
三、四级公路	公路—Ⅱ级	5.0	1	0 15 30	5	9.96	0.5	边板 15.49t；中板 11.68t	二级	Ⅰ、Ⅱ类
		6.5	1		6					
		7.5	2		7					
		8.5	2		8					

三、主要材料

（一）混凝土

1. 水泥：应采用高品质的强度等级为42.5级的硅酸盐水泥，同一座桥的板梁应采用同一品种水泥。

2. 粗集料：应采用连续级配，碎石宜采用锤击式破碎生产。碎石最大粒径不宜超过20mm，以防混凝土浇注困难或振捣不密实。

3. 混凝土：预制板钢筋混凝土强度等级采用C40，重力密度 γ=26.0kN/m^3，弹性模量为 E=3.0×10^{4}MPa；桥面铺装采用C40防水混凝土，重力密度 γ=26.0kN/m^3，弹性模量为 E=3.0×10^{4}MPa；有条件时，铰缝混凝土采用C40微膨胀混凝土。

（二）普通钢筋

普通钢筋采用HPB300和HRB400钢筋，钢筋应符合《钢筋混凝土用热轧光圆钢筋》（GB 1499.1—2008）和《钢筋混凝土用热轧带肋钢筋》（GB 1499.2—2007）的规定。

凡需焊接的钢筋均应满足可焊性的要求。

本册图纸中HPB300钢筋主要采用了直径 d=8mm、10mm两种规格；HRB400钢筋主要采用了直径 d=10mm、12mm、16mm、20mm四种规格。

（三）其他材料

1. 钢板：应符合《碳素结构钢》（GB/T 700—2006）规定的Q235B钢板。

2. 支座：可采用板式橡胶支座，其材料和力学性能均应符合现行国家和交通部运输部部颁标准的规定。单跨时，桥台上采用GYZ200×42型板式橡胶支座；多跨时，桥台上可采用GYZ$\Gamma_4$150×44，桥墩采用GYZ200×42。

四、设计要点

（一）本通用图以简支板桥为基本结构，采用桥面连续结构，连续长度按桥梁总体布局而定。

（二）上部行车道板汽车荷载横向分配系数，跨中采用铰接板梁法理论计算，支点采用杠杆法计算。斜交板考虑角度对横向分配系数的影响。

（三）对于同一跨径、斜度及相同汽车荷载等级取不同桥面宽度中的最大横向分布系数值作为控制设计值。

（四）运营状态下板梁按预制板和铰缝共同参与结构受力进行设计。

（五）采用深埋式企口铰缝，铰缝内配置钢筋并与预制板的伸出钢筋绑扎在一起，在铰缝上缘将相邻板伸出的钢筋相焊接，以防铰缝开裂、渗水和板体外爬等弊病。

（六）预制板板顶面应设置U形剪力钢筋，浇筑时与顶板钢筋固定牢靠。

（七）桥面铺装：为100～156mm现浇C40防水混凝土。抵抗斜板负弯矩的角隅钢筋设置在现浇防水混凝土层内。

（八）结构重要性系数：采用1.0。

（九）环境条件：采用Ⅱ类控制设计。

（十）钢筋混凝土简支结构温度效应很小，忽略不计。

（十一）上部板结构预拱度设置：

预制实心板根据结构计算设置预拱度，跨中预拱度值见表2，预拱度沿板长可按二次抛物线形式设置。

板长（m）		10
跨中预拱度（mm）	中板	9.8
	边板（0.99m）	13.2
	边板（1.24m）	11.5

（十二）一块板板端支点最大反力

项　　目	恒载（kN）	恒载＋汽车（kN）
中板	82.1	271
边板（0.99m）	113.6	221
边板（1.24m）	133.6	263

五、施工要点

有关钢筋混凝土实心板的施工工艺、材料要求及质量检查标准，除符合《公路桥涵施工技术规范》（JTG/T F50—2011）和《公路工程质量检验评定标准》（第一册　土建部分）（JTG F80/1—2004）有关条文规定外，还应特别注意以下事项：

（一）实心板预制

1.浇注实心板混凝土前应严格检查伸缩缝、泄水管、护栏、支座等附属设施的预埋件是否齐全，确定无误后方可浇注。施工时，应保证钢筋位置准确，控制混凝土集料最大粒径不得大于20mm。浇注混凝土时应充分振捣密实，严格控制浇注质量。

2.实心板预制时，按1m一道在铰缝的侧模嵌上0.5m长的ϕ6钢筋，形成6mm凹凸不平的粗糙面。

3.实心板预制时，除注意按本册设计图纸预埋钢筋和预埋件外，桥面系、伸缩缝、护栏及其他相关附属构造的预埋件，均应参照相关图纸施工，护栏预埋钢筋必须预埋在预制实心板结构内。

（二）预制板安装

1.预制板采用设吊孔穿束兜板底加扁担梁的吊装方法。中板吊装重量为11.34t，边板吊装重量为12.06t（板宽0.99m），15.31t（板宽1.24m）。

2.预制板安装就位后，应先浇注铰缝混凝土，待其强度达到设计强度85%以后，再进行桥面铺装及防撞护栏施工。

（三）其他

1.预制实心板时应特别注意养生，待混凝土强度达到设计强度的75%以上时方可移动、吊装、运输。预制实心板堆放时应在预制板的端部设置支承搁置，不得将板的上、下面倒置。

2.在浇注铰缝、防撞护栏及桥面铺装混凝土层前，必须用钢刷清除结合面上的浮皮等杂质，用水冲洗干净后浇注铰缝小石子混凝土，振捣密实，然后进行混凝土桥面铺装，并应注意现浇混凝土层钢筋网位置和混凝土捣实养护工作。

3.预制板顶面及铰缝面等所有新、旧混凝土结合面均应凿毛成凹凸不小于6mm的粗糙面，0.1m×0.1m面积中不少于1个点，以利于新旧混凝土良好结合。

4.安装板式橡胶支座时，应严格控制支座标高，保证其上下表面与空心板底面及墩台支承垫石顶面平整密贴、传力均匀，避免支座脱空。

六、使用要求和建议

1.本通用图适用于三、四级公路上的农村公路桥梁，修建桥梁时，根据实际情况，可参考本通用图修建漫水桥和过水桥。

2.使用本通用图时，应根据桥位处气象条件，选择合适伸缩缝。施工时应根据伸缩缝安装时的温度来确定其安装宽度。

3.本图设计荷载等级为公路—Ⅱ级，当有超载、超限车辆通过时，应进行结构验算，并采取相应加强措施。

4.预制空心板有左、右斜之分，本通用图仅绘出一种斜交方向的情况，使用时请注意桥梁斜交方向。

5.设计参数与本图有差异时应另行设计。

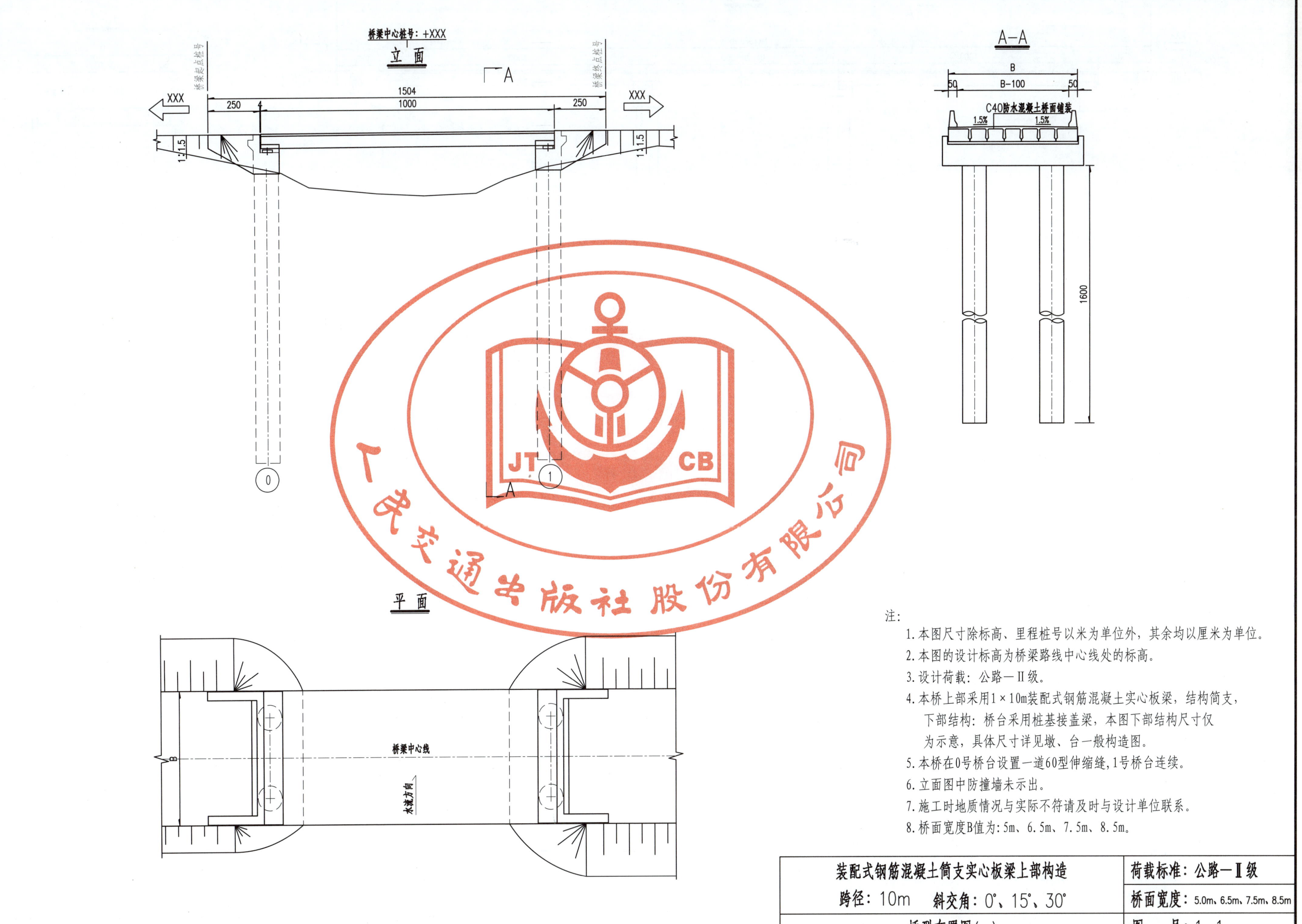
桥梁中心桩号：+XXX
立面
桥梁起点桩号
桥梁终点桩号
XXX
XXX
1504
250
1000
250
1:1.5
1:1.5
A
A
0
1
A—A
B
50
B-100
50
C40防水混凝土桥面铺装
1.5%
1.5%
1600
平面
桥梁中心线
水流方向
B
注：
1. 本图尺寸除标高、里程桩号以米为单位外，其余均以厘米为单位。
2. 本图的设计标高为桥梁路线中心线处的标高。
3. 设计荷载：公路—Ⅱ级。
4. 本桥上部采用1×10m装配式钢筋混凝土实心板梁，结构简支，下部结构：桥台采用桩基接盖梁，本图下部结构尺寸仅为示意，具体尺寸详见墩、台一般构造图。
5. 本桥在0号桥台设置一道60型伸缩缝，1号桥台连续。
6. 立面图中防撞墙未示出。
7. 施工时地质情况与实际不符请及时与设计单位联系。
8. 桥面宽度B值为：5m、6.5m、7.5m、8.5m。
装配式钢筋混凝土简支实心板梁上部构造
跨径：10m 斜交角：0°、15°、30°
桥型布置图(一)
荷载标准：公路—Ⅱ级
桥面宽度：5.0m、6.5m、7.5m、8.5m
图 号：1-1

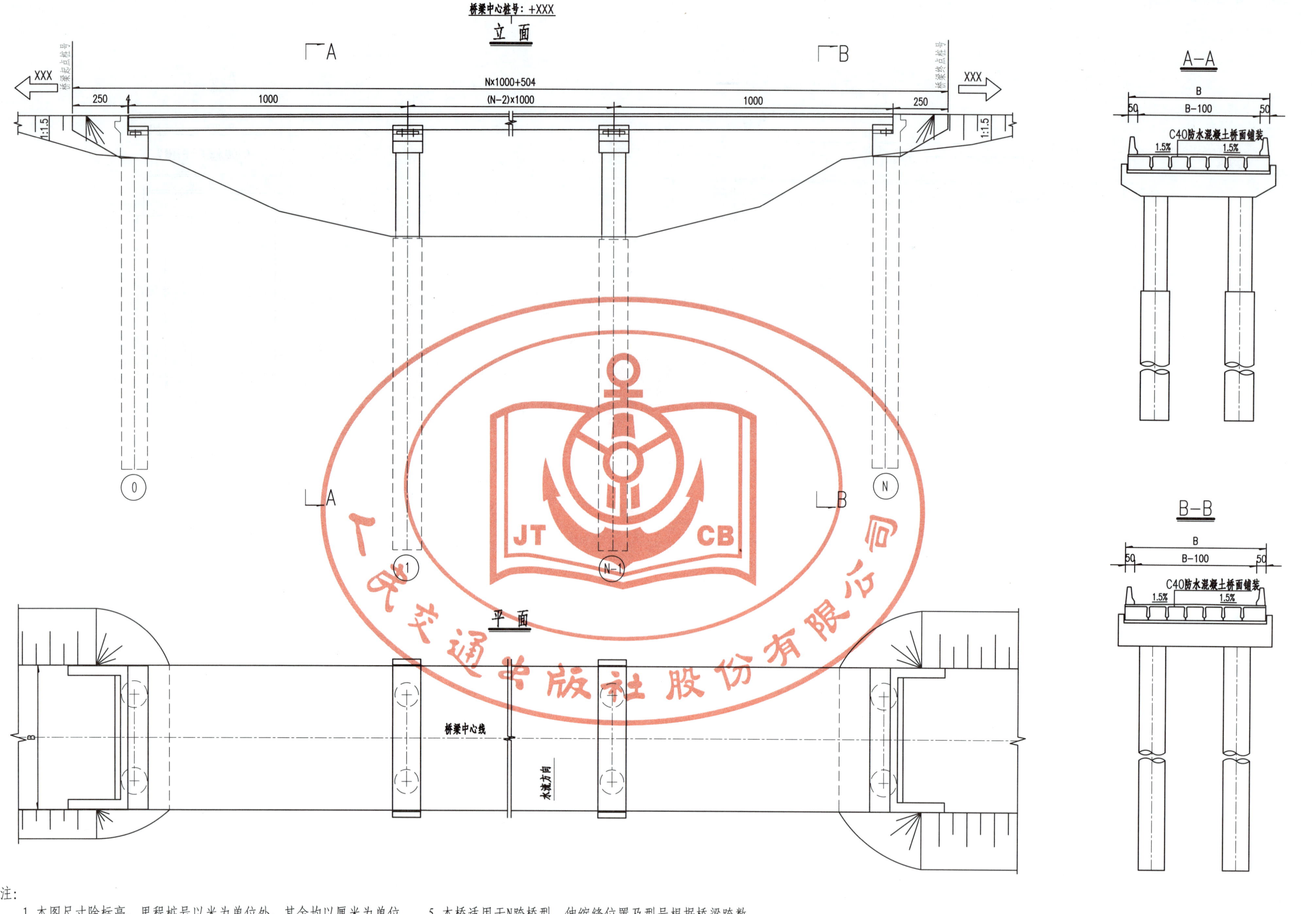

注：

1. 本图尺寸除标高、里程桩号以米为单位外，其余均以厘米为单位。
2. 本图的设计标高为桥梁路线中心线处的标高。
3. 设计荷载：公路—Ⅱ级。
4. 本桥上部采用N×8m装配式钢筋混凝土实心板梁，结构简支，下部结构：桥台采用桩基接盖梁，本图下部结构尺寸仅为示意，具体尺寸详见墩、台一般构造图。
5. 本桥适用于N跨桥型，伸缩缝位置及型号根据桥梁跨数及伸缩量确定。
6. 立面图中防撞墙未示出。
7. 施工时地质情况与实际不符请及时与设计单位联系。
8. 桥面宽度B值为：5m、6.5m、7.5m、8.5m。

装配式钢筋混凝土简支实心板梁上部构造 跨径：10m　斜交角：0°、15°、30°	荷载标准：公路—Ⅱ级 桥面宽度：5.0m、6.5m、7.5m、8.5m
桥型布置图(二)	图　号：1-2

一孔桥面铺装材料总表

斜交角 α	数量 / 桥面宽度	HRB400钢筋 (kg)	C40防水混凝土 (m³)
0°	5.0m	1199.1	5.60
	6.5m	1561.0	7.63
	7.5m	1802.3	9.10
	8.5m	2043.5	10.60
15°	5.0m	1220.2	5.60
	6.5m	1588.5	7.63
	7.5m	1834.0	9.10
	8.5m	2079.6	10.60
30°	5.0m	1291.6	5.60
	6.5m	1681.6	7.63
	7.5m	1941.6	9.10
	8.5m	2201.6	10.60

一孔预制筒支板材料数量总表

桥面宽度	斜交角 α	中板块数	边板块数	钢筋（kg）			混凝土（m³）	
				HPB300	HRB400	合计	C30	合计
5.0m	0°	3	2	1334.9	3362.5	4697.4	22.36	22.36
	15°	3	2	1383.1	3362.0	4745.1	22.36	22.36
	30°	3	2	1419.7	3543.5	4963.2	22.36	22.36
6.5m	0°	4	2	1679.6	4206.6	5886.2	29.22	29.22
	15°	4	2	1762.6	4206.0	5968.6	29.22	29.22
	30°	4	2	1789.0	4447.0	6236.0	29.22	29.22
7.5m	0°	5	2	1958.7	4895.7	6854.4	33.58	33.58
	15°	5	2	2051.3	4895.0	6946.3	33.58	33.58
	30°	5	2	2084.9	5172.3	7257.2	33.58	33.58
8.5m	0°	6	2	2237.8	5584.8	7822.6	37.94	37.94
	15°	6	2	2340.0	5584.0	7924.0	37.94	37.94
	30°	6	2	2380.8	5897.6	8278.4	37.94	37.94

一孔铰缝材料总表

斜交角 α	数量 / 桥面宽度	HRB400钢筋 (kg)	C40混凝土 (m³)	M15水泥砂浆 (m³)
0° 15° 30°	5.0m	240.4	2.00	0.08
	6.5m	300.5	2.50	0.10
	7.5m	360.6	3.00	0.12
	8.5m	420.8	3.50	0.14

注：

1. 表中数量未计入绑扎铁丝和钢筋搭接数量。
2. 板底钝角加强钢筋已计入预制筒支板材料数量总表。

装配式钢筋混凝土筒支实心板梁上部构造 跨径：10m　斜交角：0°、15°、30°	荷载标准：公路—Ⅰ级 桥面宽度：5.0m、6.5m、7.5m、8.5m
预制筒支板及铰缝材料数量总表	图　号：2

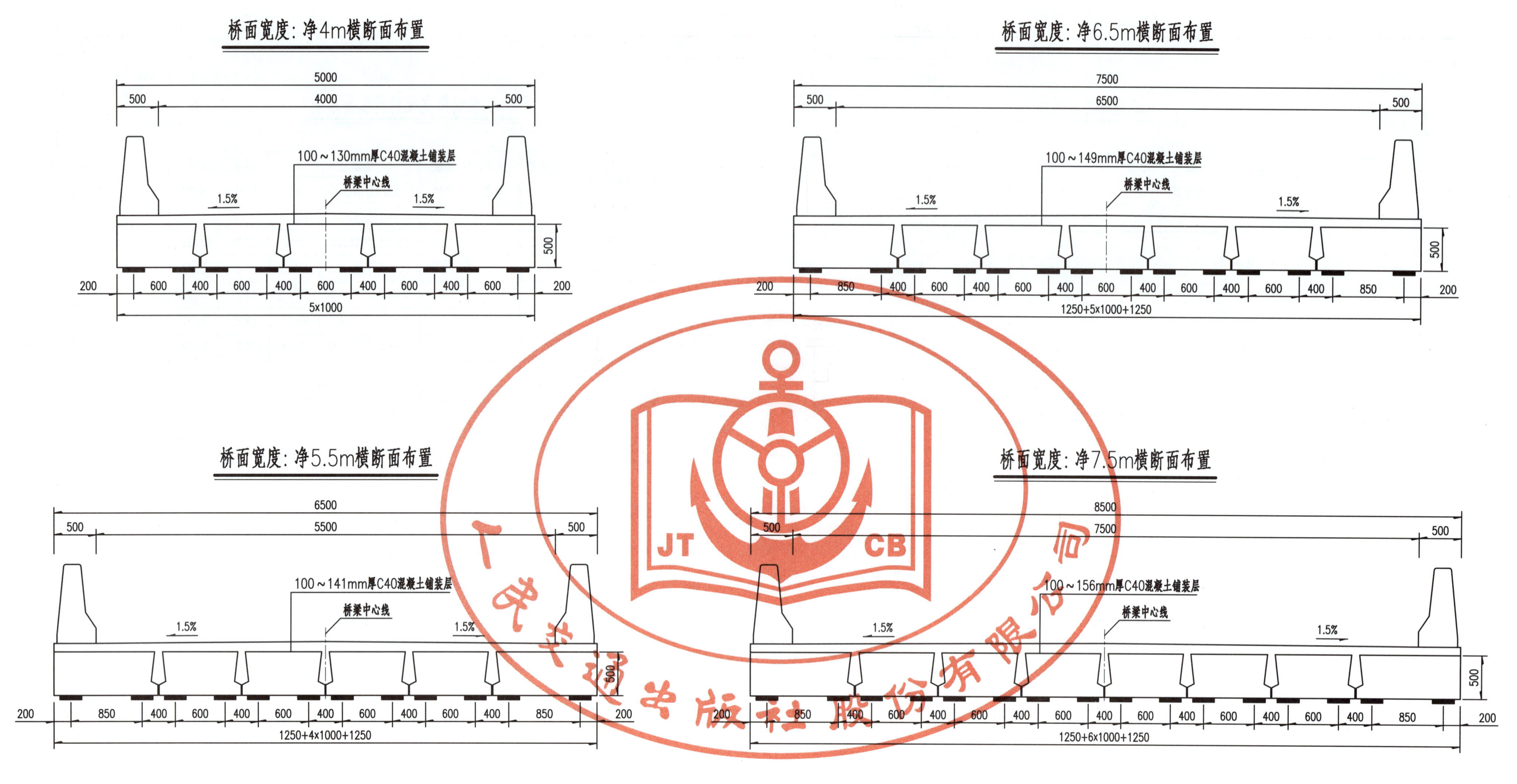

注：

1. 本图尺寸除注明者外，余均以毫米为单位。
2. 本图板的断面形式仅为示意，板的详细尺寸另见《实心板一般构造图》。
3. 中板之间铰缝底宽10mm，中板与边板之间铰缝底宽15mm。

装配式钢筋混凝土简支实心板梁上部构造 跨径：10m　斜交角：0°、15°、30°	荷载标准：公路—Ⅱ级 桥面宽度：5.0m、6.5m、7.5m、8.5m
横断面布置图	图　号：3

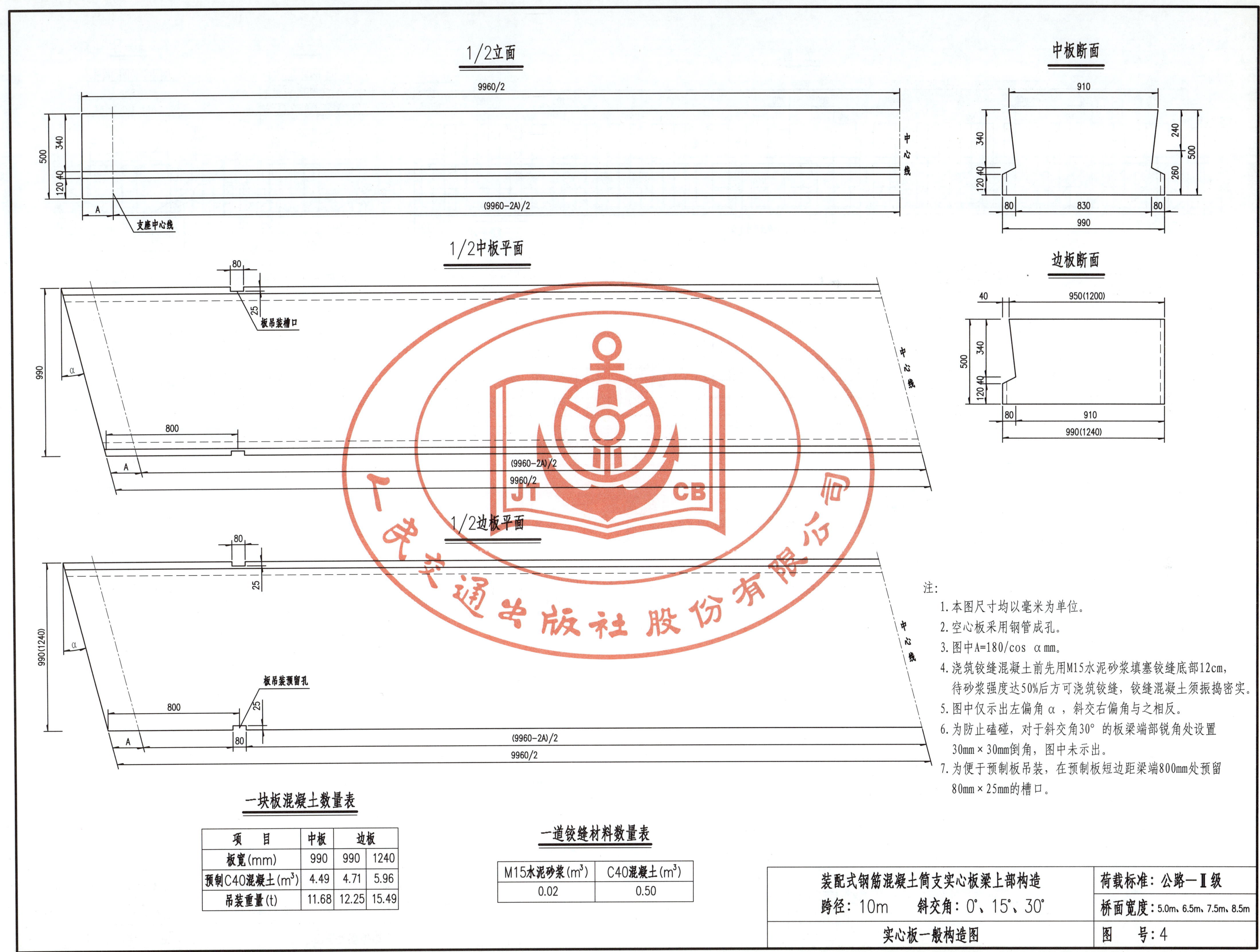

注:

1. 本图尺寸均以毫米为单位。
2. 空心板采用钢管成孔。
3. 图中A=180/cos α mm。
4. 浇筑铰缝混凝土前先用M15水泥砂浆填塞铰缝底部12cm，待砂浆强度达50%后方可浇筑铰缝，铰缝混凝土须振捣密实。
5. 图中仅示出左偏角 α ，斜交右偏角与之相反。
6. 为防止磕碰，对于斜交角30° 的板梁端部锐角处设置30mm×30mm倒角，图中未示出。
7. 为便于预制板吊装，在预制板短边距梁端800mm处预留80mm×25mm的槽口。

一块板混凝土数量表

项　目	中板	边板	
板宽(mm)	990	990	1240
预制C40混凝土(m^3)	4.49	4.71	5.96
吊装重量(t)	11.68	12.25	15.49

一道铰缝材料数量表

M15水泥砂浆(m^3)	C40混凝土(m^3)
0.02	0.50

装配式钢筋混凝土简支实心板梁上部构造 跨径：10m　斜交角：0°、15°、30°	荷载标准：公路—Ⅱ级 桥面宽度：5.0m、6.5m、7.5m、8.5m
实心板一般构造图	图　号：4

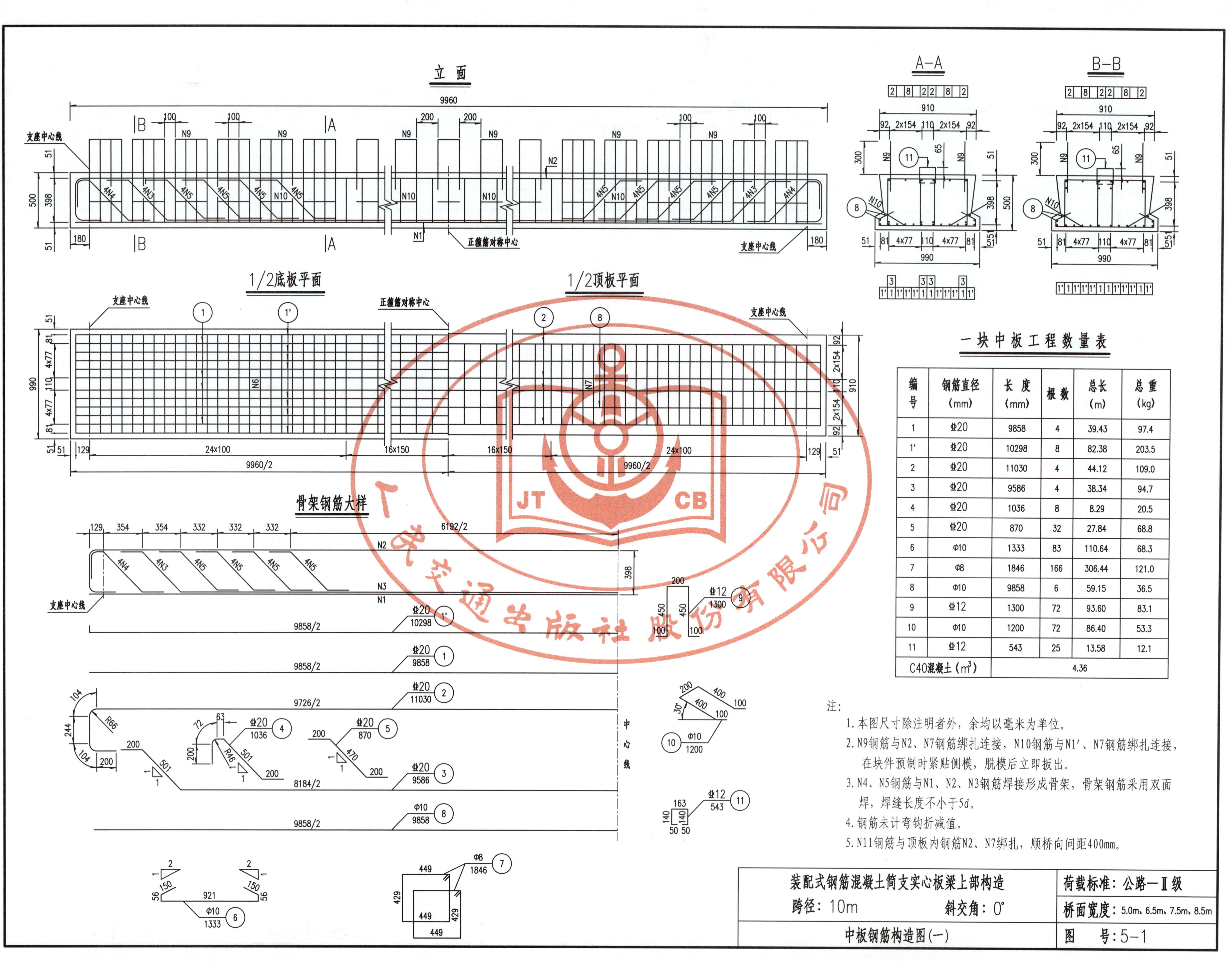

一块中板工程数量表

编号	钢筋直径 (mm)	长 度 (mm)	根 数	总长 (m)	总 重 (kg)
1	Φ20	9858	4	39.43	97.4
1'	Φ20	10298	8	82.38	203.5
2	Φ20	11030	4	44.12	109.0
3	Φ20	9586	4	38.34	94.7
4	Φ20	1036	8	8.29	20.5
5	Φ20	870	32	27.84	68.8
6	φ10	1333	83	110.64	68.3
7	φ8	1846	166	306.44	121.0
8	φ10	9858	6	59.15	36.5
9	Φ12	1300	72	93.60	83.1
10	φ10	1200	72	86.40	53.3
11	Φ12	543	25	13.58	12.1
C40混凝土(m^3)		4.36			

注：

1. 本图尺寸除注明者外，余均以毫米为单位。
2. N9钢筋与N2、N7钢筋绑扎连接，N10钢筋与N1′、N7钢筋绑扎连接，在块件预制时紧贴侧模，脱模后立即扳出。
3. N4、N5钢筋与N1、N2、N3钢筋焊接形成骨架，骨架钢筋采用双面焊，焊缝长度不小于5d。
4. 钢筋未计弯钩折减值。
5. N11钢筋与顶板内钢筋N2、N7绑扎，顺桥向间距400mm。

装配式钢筋混凝土简支实心板梁上部构造 跨径：10m 斜交角：0°	荷载标准：公路—Ⅱ级 桥面宽度：5.0m、6.5m、7.5m、8.5m
中板钢筋构造图(一)	图 号：5-1

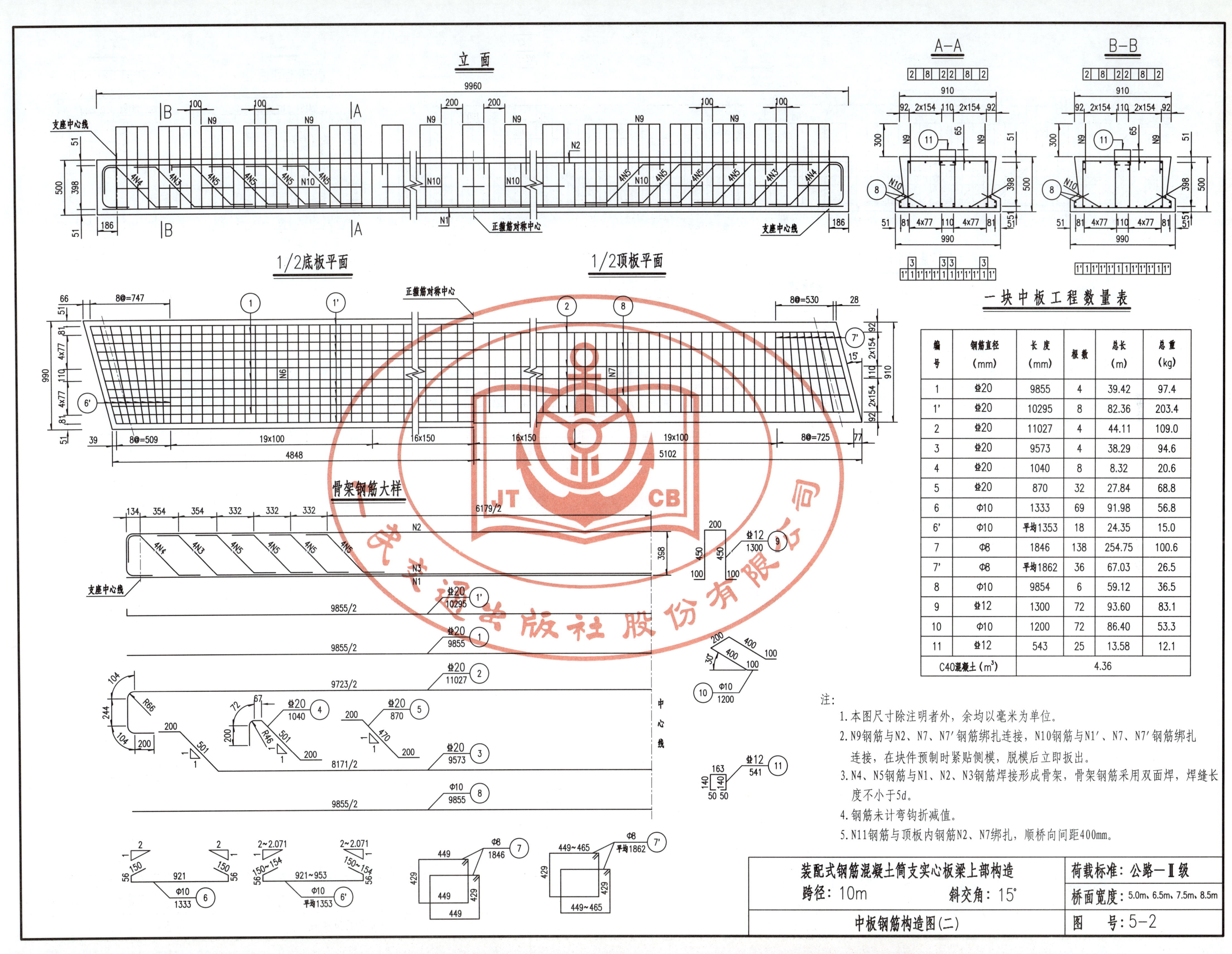

一块中板工程数量表

编号	钢筋直径 (mm)	长度 (mm)	根数	总长 (m)	总重 (kg)
1	Φ20	9855	4	39.42	97.4
1'	Φ20	10295	8	82.36	203.4
2	Φ20	11027	4	44.11	109.0
3	Φ20	9573	4	38.29	94.6
4	Φ20	1040	8	8.32	20.6
5	Φ20	870	32	27.84	68.8
6	Φ10	1333	69	91.98	56.8
6'	Φ10	平均1353	18	24.35	15.0
7	Φ8	1846	138	254.75	100.6
7'	Φ8	平均1862	36	67.03	26.5
8	Φ10	9854	6	59.12	36.5
9	Φ12	1300	72	93.60	83.1
10	Φ10	1200	72	86.40	53.3
11	Φ12	543	25	13.58	12.1
C40混凝土 (m³)	4.36				

注：

1. 本图尺寸除注明者外，余均以毫米为单位。
2. N9钢筋与N2、N7、N7′钢筋绑扎连接，N10钢筋与N1′、N7、N7′钢筋绑扎连接，在块件预制时紧贴侧模，脱模后立即扳出。
3. N4、N5钢筋与N1、N2、N3钢筋焊接形成骨架，骨架钢筋采用双面焊，焊缝长度不小于5d。
4. 钢筋未计弯钩折减值。
5. N11钢筋与顶板内钢筋N2、N7绑扎，顺桥向间距400mm。

装配式钢筋混凝土筒支实心板梁上部构造	荷载标准：公路—Ⅱ级
跨径：10m　斜交角：15°	桥面宽度：5.0m、6.5m、7.5m、8.5m
中板钢筋构造图(二)	图　号：5-2

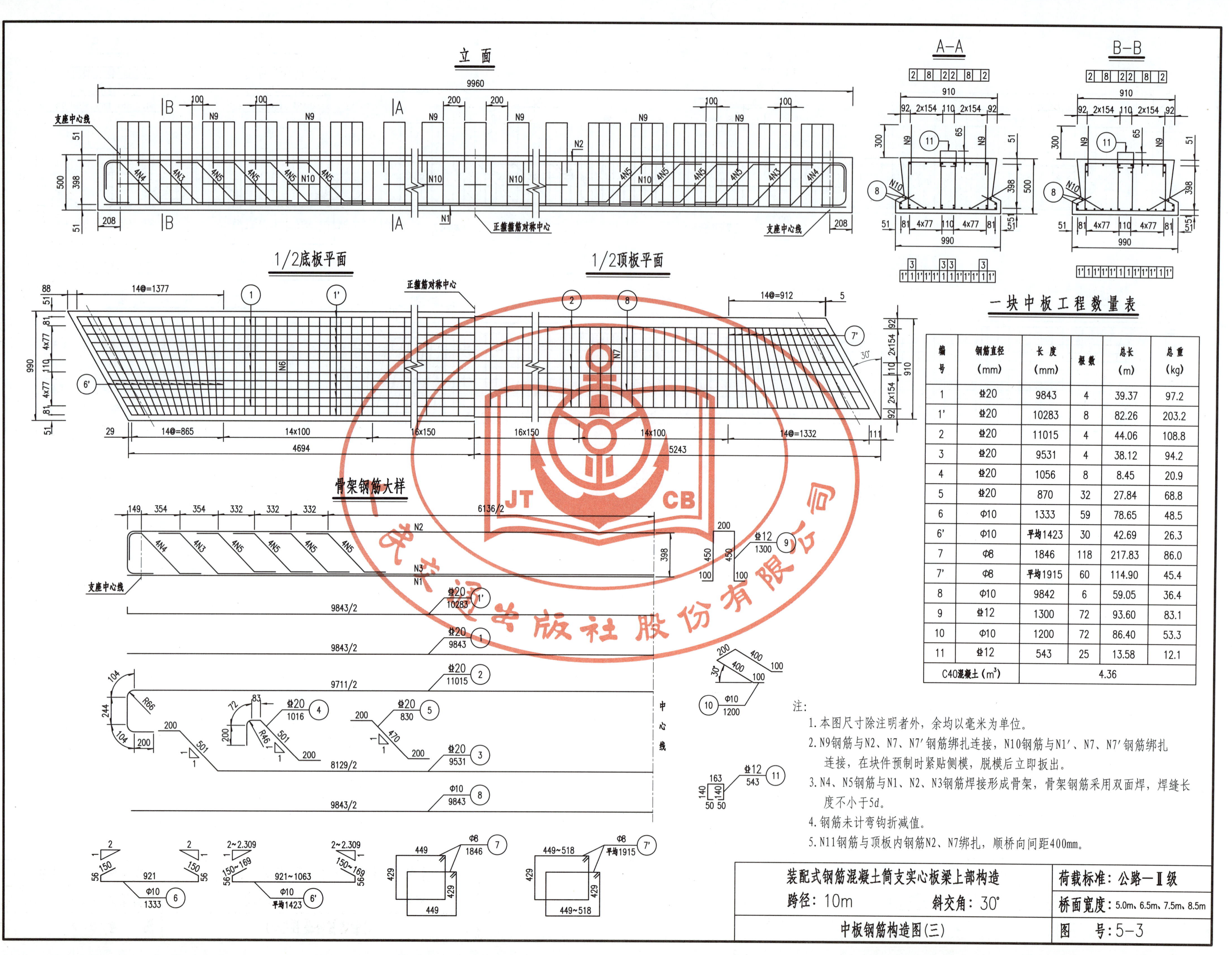

一块中板工程数量表

编号	钢筋直径 (mm)	长度 (mm)	根数	总长 (m)	总重 (kg)
1	⌀20	9843	4	39.37	97.2
1'	⌀20	10283	8	82.26	203.2
2	⌀20	11015	4	44.06	108.8
3	⌀20	9531	4	38.12	94.2
4	⌀20	1056	8	8.45	20.9
5	⌀20	870	32	27.84	68.8
6	Φ10	1333	59	78.65	48.5
6'	Φ10	平均1423	30	42.69	26.3
7	Φ8	1846	118	217.83	86.0
7'	Φ8	平均1915	60	114.90	45.4
8	Φ10	9842	6	59.05	36.4
9	⌀12	1300	72	93.60	83.1
10	Φ10	1200	72	86.40	53.3
11	⌀12	543	25	13.58	12.1
C40混凝土 (m³)		4.36			

注：

1. 本图尺寸除注明者外，余均以毫米为单位。
2. N9钢筋与N2、N7、N7′钢筋绑扎连接，N10钢筋与N1′、N7、N7′钢筋绑扎连接，在块件预制时紧贴侧模，脱模后立即扳出。
3. N4、N5钢筋与N1、N2、N3钢筋焊接形成骨架，骨架钢筋采用双面焊，焊缝长度不小于5d。
4. 钢筋未计弯钩折减值。
5. N11钢筋与顶板内钢筋N2、N7绑扎，顺桥向间距400mm。

装配式钢筋混凝土筒支实心板梁上部构造 跨径：10m 斜交角：30°	荷载标准：公路—Ⅱ级 桥面宽度：5.0m、6.5m、7.5m、8.5m
中板钢筋构造图(三)	图 号：5-3

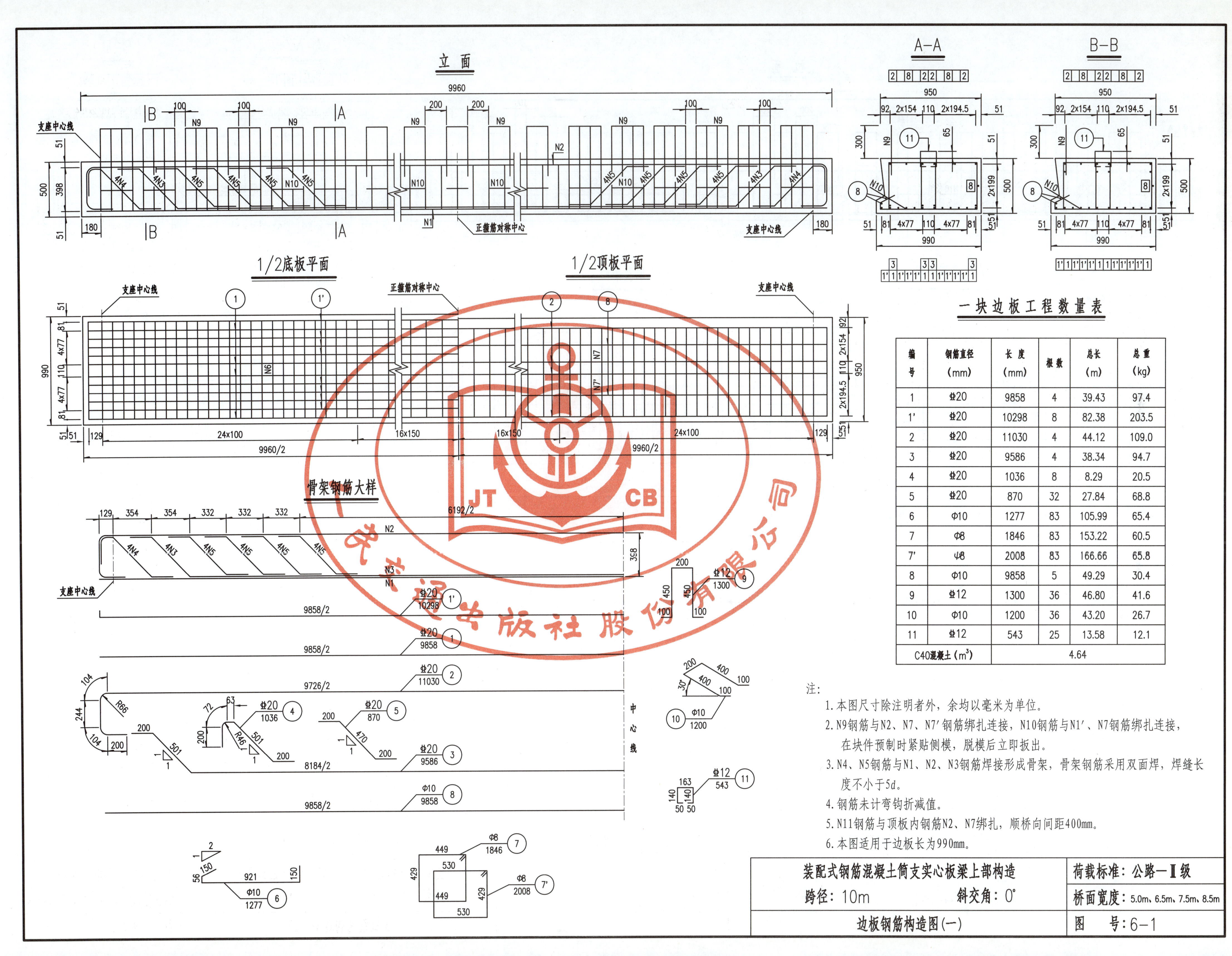

一块边板工程数量表

编号	钢筋直径(mm)	长度(mm)	根数	总长(m)	总重(kg)
1	Φ20	9858	4	39.43	97.4
1'	Φ20	10298	8	82.38	203.5
2	Φ20	11030	4	44.12	109.0
3	Φ20	9586	4	38.34	94.7
4	Φ20	1036	8	8.29	20.5
5	Φ20	870	32	27.84	68.8
6	Φ10	1277	83	105.99	65.4
7	Φ8	1846	83	153.22	60.5
7'	Ψ8	2008	83	166.66	65.8
8	Φ10	9858	5	49.29	30.4
9	Φ12	1300	36	46.80	41.6
10	Φ10	1200	36	43.20	26.7
11	Φ12	543	25	13.58	12.1
C40混凝土(m^3)	4.64				

注：

1. 本图尺寸除注明者外，余均以毫米为单位。
2. N9钢筋与N2、N7、N7′钢筋绑扎连接，N10钢筋与N1′、N7钢筋绑扎连接，在块件预制时紧贴侧模，脱模后立即扳出。
3. N4、N5钢筋与N1、N2、N3钢筋焊接形成骨架，骨架钢筋采用双面焊，焊缝长度不小于5d。
4. 钢筋未计弯钩折减值。
5. N11钢筋与顶板内钢筋N2、N7绑扎，顺桥向间距400mm。
6. 本图适用于边板长为990mm。

装配式钢筋混凝土简支实心板梁上部构造 跨径：10m 斜交角：0°	荷载标准：公路—Ⅰ级
	桥面宽度：5.0m、6.5m、7.5m、8.5m
边板钢筋构造图(一)	图 号：6-1

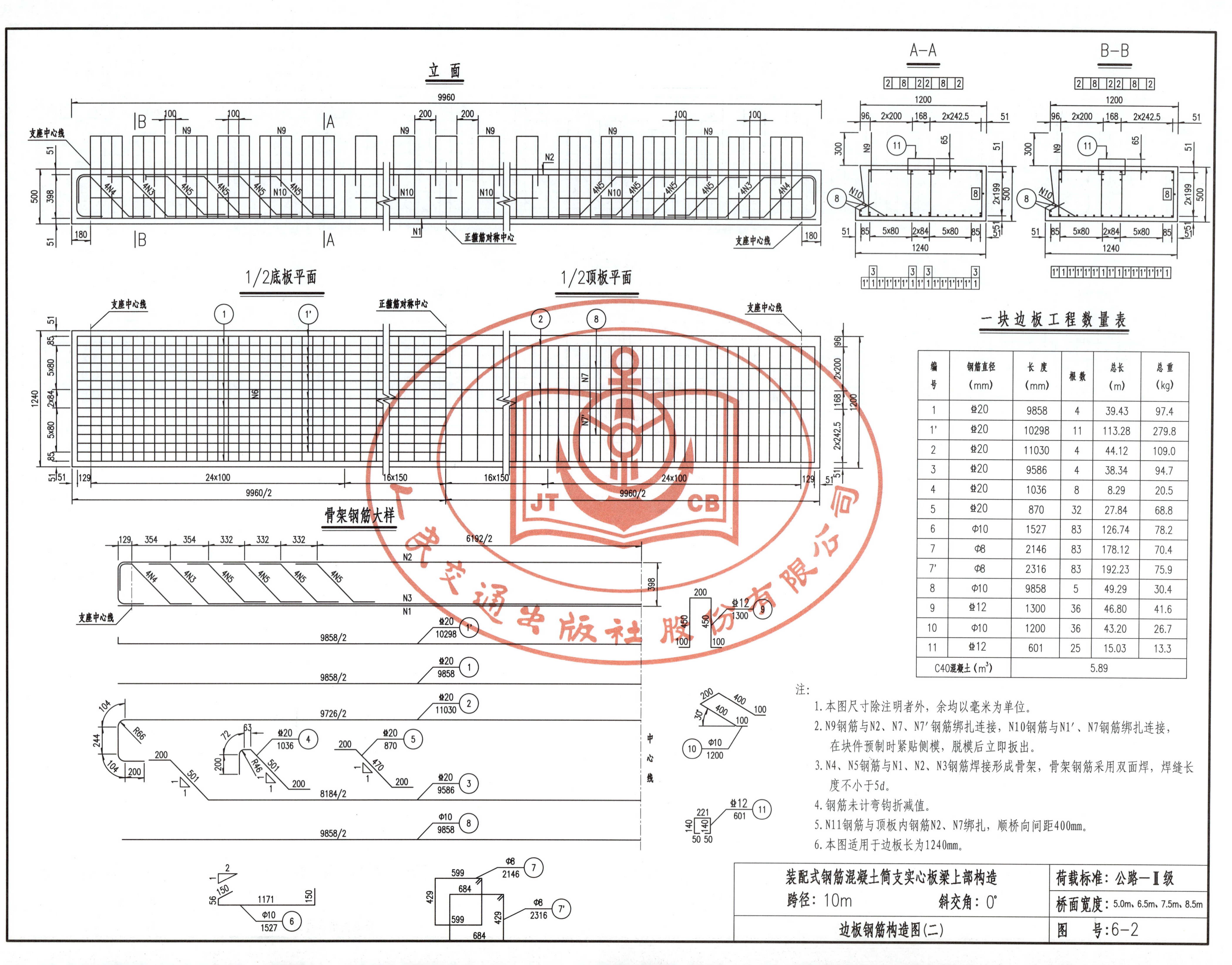

一块边板工程数量表

编号	钢筋直径 (mm)	长度 (mm)	根数	总长 (m)	总重 (kg)
1	Φ20	9858	4	39.43	97.4
1'	Φ20	10298	11	113.28	279.8
2	Φ20	11030	4	44.12	109.0
3	Φ20	9586	4	38.34	94.7
4	Φ20	1036	8	8.29	20.5
5	Φ20	870	32	27.84	68.8
6	Φ10	1527	83	126.74	78.2
7	Φ8	2146	83	178.12	70.4
7'	Φ8	2316	83	192.23	75.9
8	Φ10	9858	5	49.29	30.4
9	Φ12	1300	36	46.80	41.6
10	Φ10	1200	36	43.20	26.7
11	Φ12	601	25	15.03	13.3
C40混凝土 (m^3)	5.89				

注：

1. 本图尺寸除注明者外，余均以毫米为单位。
2. N9钢筋与N2、N7、N7′钢筋绑扎连接，N10钢筋与N1′、N7钢筋绑扎连接，在块件预制时紧贴侧模，脱模后立即扳出。
3. N4、N5钢筋与N1、N2、N3钢筋焊接形成骨架，骨架钢筋采用双面焊，焊缝长度不小于5d。
4. 钢筋未计弯钩折减值。
5. N11钢筋与顶板内钢筋N2、N7绑扎，顺桥向间距400mm。
6. 本图适用于边板长为1240mm。

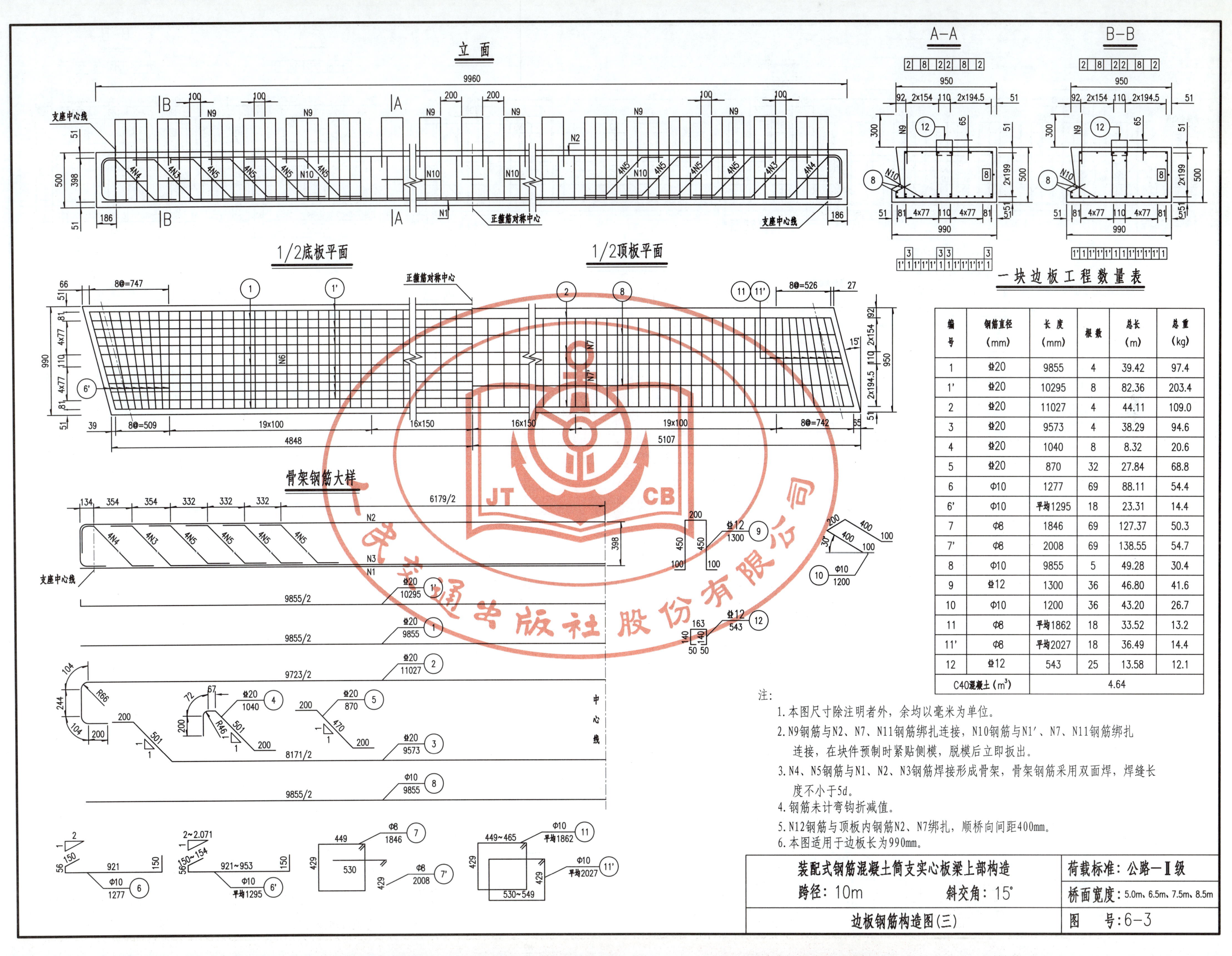

一块边板工程数量表

编号	钢筋直径(mm)	长度(mm)	根数	总长(m)	总重(kg)
1	Φ20	9855	4	39.42	97.4
1'	Φ20	10295	8	82.36	203.4
2	Φ20	11027	4	44.11	109.0
3	Φ20	9573	4	38.29	94.6
4	Φ20	1040	8	8.32	20.6
5	Φ20	870	32	27.84	68.8
6	Φ10	1277	69	88.11	54.4
6'	Φ10	平均1295	18	23.31	14.4
7	Φ8	1846	69	127.37	50.3
7'	Φ8	2008	69	138.55	54.7
8	Φ10	9855	5	49.28	30.4
9	Φ12	1300	36	46.80	41.6
10	Φ10	1200	36	43.20	26.7
11	Φ8	平均1862	18	33.52	13.2
11'	Φ8	平均2027	18	36.49	14.4
12	Φ12	543	25	13.58	12.1
C40混凝土(m³)	4.64				

注：

1. 本图尺寸除注明者外，余均以毫米为单位。
2. N9钢筋与N2、N7、N11钢筋绑扎连接，N10钢筋与N1'、N7、N11钢筋绑扎连接，在块件预制时紧贴侧模，脱模后立即扳出。
3. N4、N5钢筋与N1、N2、N3钢筋焊接形成骨架，骨架钢筋采用双面焊，焊缝长度不小于5d。
4. 钢筋未计弯钩折减值。
5. N12钢筋与顶板内钢筋N2、N7绑扎，顺桥向间距400mm。
6. 本图适用于边板长为990mm。

装配式钢筋混凝土简支实心板梁上部构造 跨径：10m 斜交角：15°	荷载标准：公路—Ⅱ级 桥面宽度：5.0m、6.5m、7.5m、8.5m
边板钢筋构造图(三)	图 号：6-3

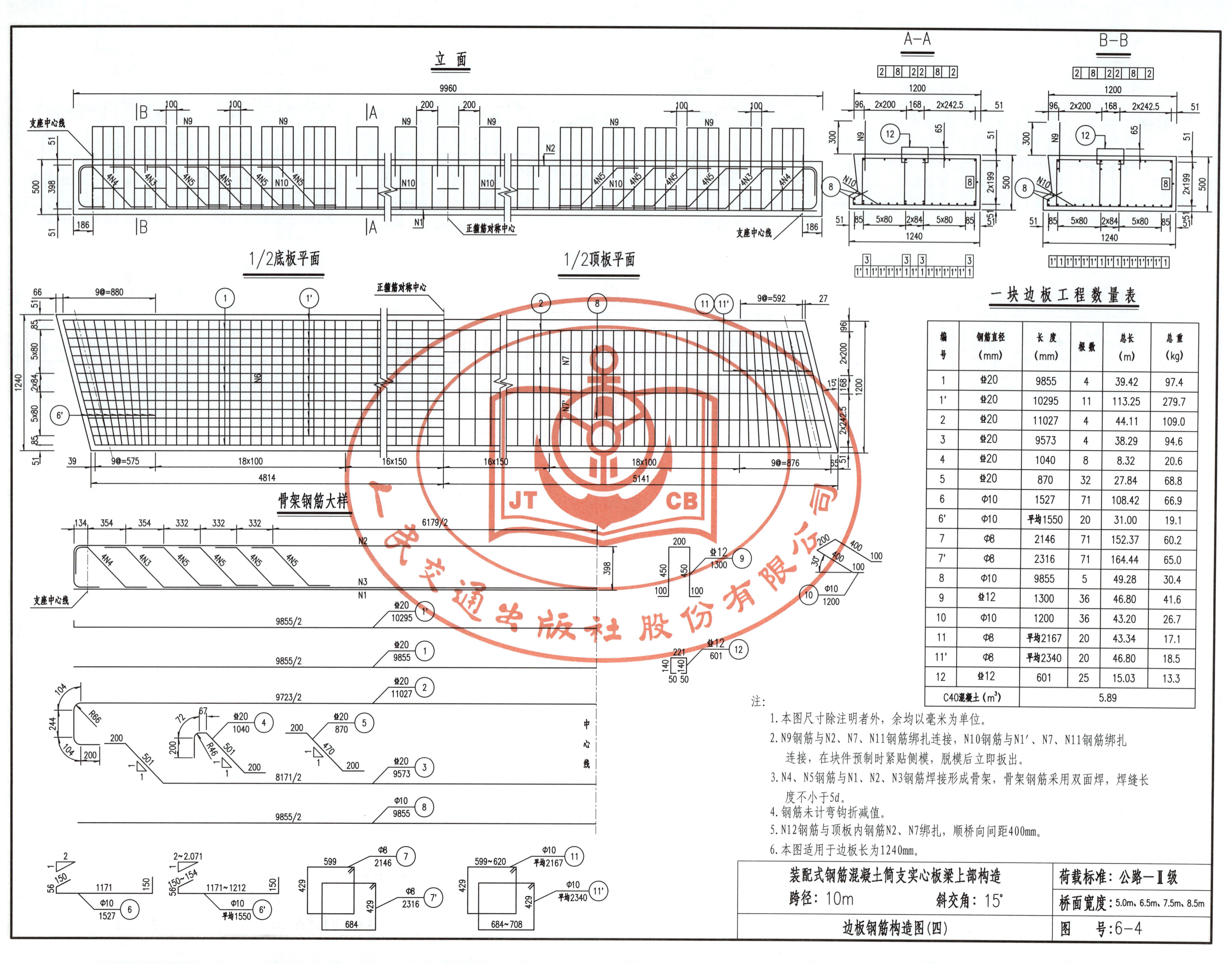

一块边板工程数量表

编号	钢筋直径 (mm)	长度 (mm)	根数	总长 (m)	总重 (kg)
1	⌀20	9855	4	39.42	97.4
1′	⌀20	10295	11	113.25	279.7
2	⌀20	11027	4	44.11	109.0
3	⌀20	9573	4	38.29	94.6
4	⌀20	1040	8	8.32	20.6
5	⌀20	870	32	27.84	68.8
6	Φ10	1527	71	108.42	66.9
6′	Φ10	平均1550	20	31.00	19.1
7	Φ8	2146	71	152.37	60.2
7′	Φ8	2316	71	164.44	65.0
8	Φ10	9855	5	49.28	30.4
9	⌀12	1300	36	46.80	41.6
10	Φ10	1200	36	43.20	26.7
11	Φ8	平均2167	20	43.34	17.1
11′	Φ8	平均2340	20	46.80	18.5
12	⌀12	601	25	15.03	13.3
C40混凝土 (m^3)	5.89				

注:

1. 本图尺寸除注明者外，余均以毫米为单位。
2. N9钢筋与N2、N7、N11钢筋绑扎连接，N10钢筋与N1′、N7、N11钢筋绑扎连接，在块件预制时紧贴侧模，脱模后立即扳出。
3. N4、N5钢筋与N1、N2、N3钢筋焊接形成骨架，骨架钢筋采用双面焊，焊缝长度不小于5d。
4. 钢筋未计弯钩折减值。
5. N12钢筋与顶板内钢筋N2、N7绑扎，顺桥向间距400mm。
6. 本图适用于边板长为1240mm。

装配式钢筋混凝土筒支实心板梁上部构造 跨径：10m　斜交角：15°	荷载标准：公路—Ⅱ级 桥面宽度：5.0m、6.5m、7.5m、8.5m
边板钢筋构造图(四)	图　号:6-4

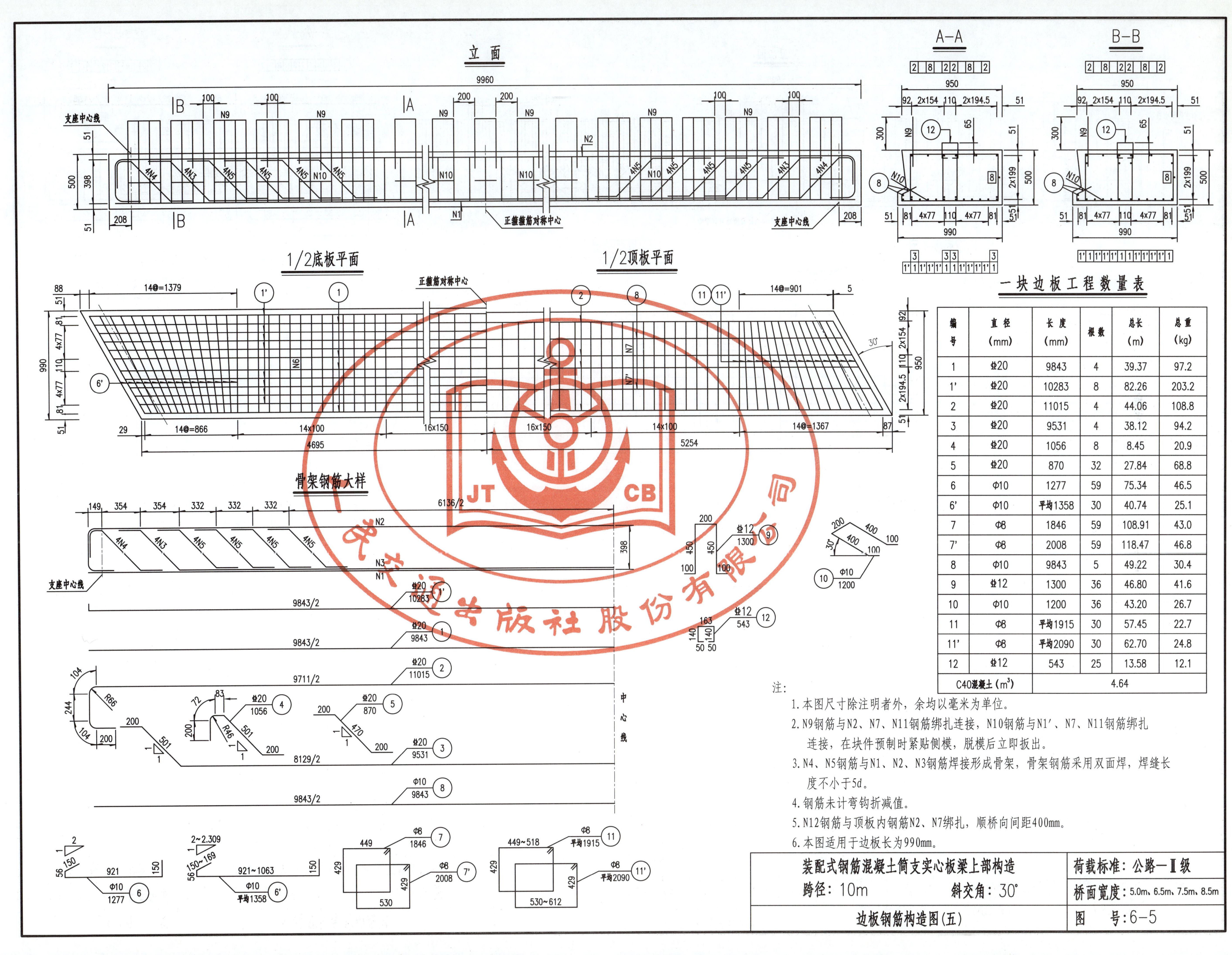

一块边板工程数量表

编号	直径 (mm)	长度 (mm)	根数	总长 (m)	总重 (kg)
1	Φ20	9843	4	39.37	97.2
1′	Φ20	10283	8	82.26	203.2
2	Φ20	11015	4	44.06	108.8
3	Φ20	9531	4	38.12	94.2
4	Φ20	1056	8	8.45	20.9
5	Φ20	870	32	27.84	68.8
6	Φ10	1277	59	75.34	46.5
6′	Φ10	平均1358	30	40.74	25.1
7	Φ8	1846	59	108.91	43.0
7′	Φ8	2008	59	118.47	46.8
8	Φ10	9843	5	49.22	30.4
9	Φ12	1300	36	46.80	41.6
10	Φ10	1200	36	43.20	26.7
11	Φ8	平均1915	30	57.45	22.7
11′	Φ8	平均2090	30	62.70	24.8
12	Φ12	543	25	13.58	12.1
C40混凝土 (m^3)	4.64				

注:

1. 本图尺寸除注明者外，余均以毫米为单位。
2. N9钢筋与N2、N7、N11钢筋绑扎连接，N10钢筋与N1′、N7、N11钢筋绑扎连接，在块件预制时紧贴侧模，脱模后立即扳出。
3. N4、N5钢筋与N1、N2、N3钢筋焊接形成骨架，骨架钢筋采用双面焊，焊缝长度不小于5d。
4. 钢筋未计弯钩折减值。
5. N12钢筋与顶板内钢筋N2、N7绑扎，顺桥向间距400mm。
6. 本图适用于边板长为990mm。

装配式钢筋混凝土简支实心板梁上部构造 跨径：10m 斜交角：30°	荷载标准：公路—Ⅱ级
	桥面宽度：5.0m、6.5m、7.5m、8.5m
边板钢筋构造图(五)	图 号：6-5

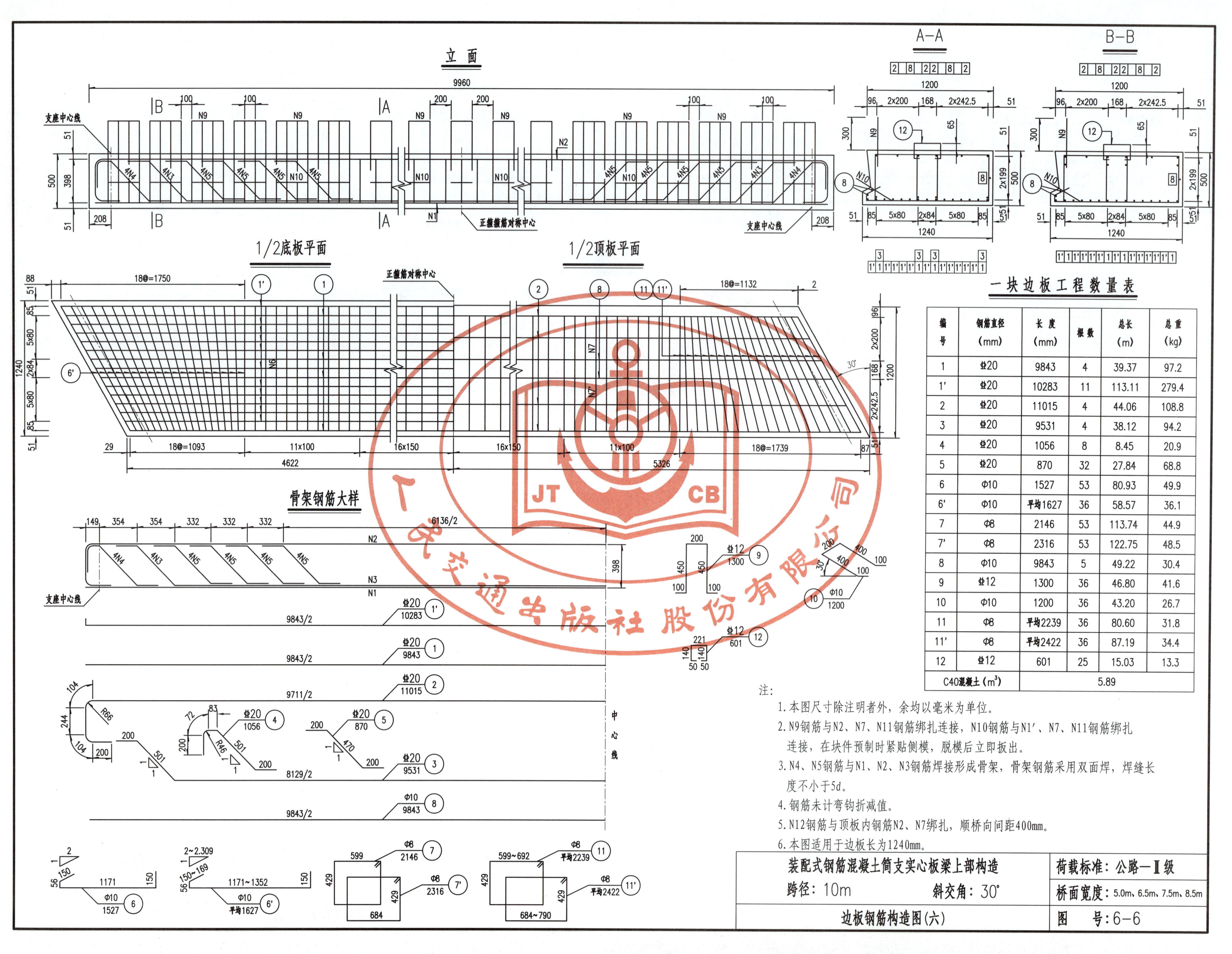

一块边板工程数量表

编号	钢筋直径 (mm)	长度 (mm)	根数	总长 (m)	总重 (kg)
1	⌀20	9843	4	39.37	97.2
1'	⌀20	10283	11	113.11	279.4
2	⌀20	11015	4	44.06	108.8
3	⌀20	9531	4	38.12	94.2
4	⌀20	1056	8	8.45	20.9
5	⌀20	870	32	27.84	68.8
6	Φ10	1527	53	80.93	49.9
6'	Φ10	平均1627	36	58.57	36.1
7	Φ8	2146	53	113.74	44.9
7'	Φ8	2316	53	122.75	48.5
8	Φ10	9843	5	49.22	30.4
9	⌀12	1300	36	46.80	41.6
10	Φ10	1200	36	43.20	26.7
11	Φ8	平均2239	36	80.60	31.8
11'	Φ8	平均2422	36	87.19	34.4
12	⌀12	601	25	15.03	13.3
C40混凝土 (m^3)	5.89				

注：

1. 本图尺寸除注明者外，余均以毫米为单位。
2. N9钢筋与N2、N7、N11钢筋绑扎连接，N10钢筋与N1′、N7、N11钢筋绑扎连接，在块件预制时紧贴侧模，脱模后立即扳出。
3. N4、N5钢筋与N1、N2、N3钢筋焊接形成骨架，骨架钢筋采用双面焊，焊缝长度不小于5d。
4. 钢筋未计弯钩折减值。
5. N12钢筋与顶板内钢筋N2、N7绑扎，顺桥向间距400mm。
6. 本图适用于边板长为1240mm。

装配式钢筋混凝土简支实心板梁上部构造	荷载标准：公路—Ⅱ级
跨径：10m　斜交角：30°	桥面宽度：5.0m、6.5m、7.5m、8.5m
边板钢筋构造图(六)	图　号：6-6

桥面角隅加强钢筋平面(30°)

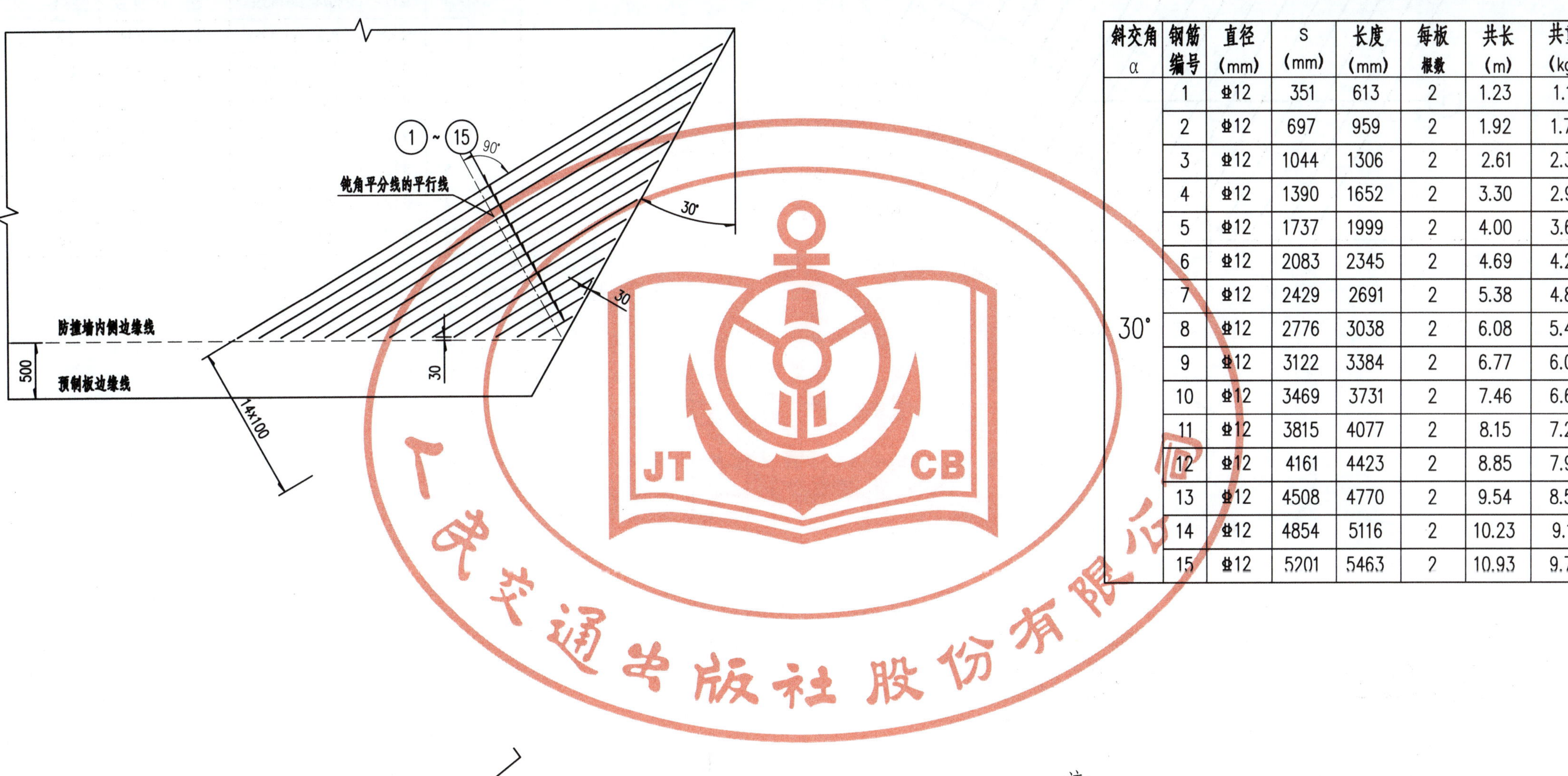

一孔单幅桥面角隅加强钢筋明细表

斜交角 α	钢筋编号	直径 (mm)	S (mm)	长度 (mm)	每板根数	共长 (m)	共重 (kg)	合计 (kg)
30°	1	Φ12	351	613	2	1.23	1.1	81.0
	2	Φ12	697	959	2	1.92	1.7	
	3	Φ12	1044	1306	2	2.61	2.3	
	4	Φ12	1390	1652	2	3.30	2.9	
	5	Φ12	1737	1999	2	4.00	3.6	
	6	Φ12	2083	2345	2	4.69	4.2	
	7	Φ12	2429	2691	2	5.38	4.8	
	8	Φ12	2776	3038	2	6.08	5.4	
	9	Φ12	3122	3384	2	6.77	6.0	
	10	Φ12	3469	3731	2	7.46	6.6	
	11	Φ12	3815	4077	2	8.15	7.2	
	12	Φ12	4161	4423	2	8.85	7.9	
	13	Φ12	4508	4770	2	9.54	8.5	
	14	Φ12	4854	5116	2	10.23	9.1	
	15	Φ12	5201	5463	2	10.93	9.7	

注：

1. 本图尺寸除注明者外，余均以毫米为单位。
2. 加强钢筋绑扎于桥面铺装钢筋之上，钢筋净保护层不小于20mm。

装配式钢筋混凝土简支实心板梁上部构造 跨径：10m　　斜交角：30°	荷载标准：公路—Ⅰ级
	桥面宽度：5.0m、6.5m、7.5m、8.5m
板底角加强钢筋构造图	图　号：7

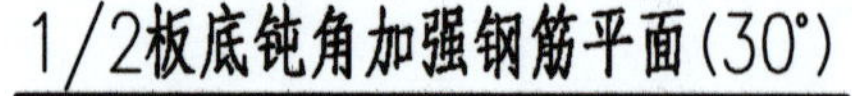

1/2板底钝角加强钢筋平面(30°)

单块板底层钝角加强钢筋明细表

斜交角 α	钢筋编号	直径 (mm)	S (mm)	长度 (mm)	每板根数	共长 (m)	共重 (kg)	合计 (kg)
30°	1	Φ12	1074	1336	22	29.39	26.1	37.0
	2	Φ12	959	1221	2	2.44	2.2	
	3	Φ12	843	1105	2	2.21	2.0	
	4	Φ12	728	990	2	1.98	1.8	
	5	Φ12	612	874	2	1.75	1.6	
	6	Φ12	497	759	2	1.52	1.3	
	7	Φ12	381	643	2	1.29	1.1	
	8	Φ12	266	528	2	1.06	0.9	

注:

1. 本图尺寸除注明者外，余均以毫米为单位。
2. 板底钝角加强钢筋绑扎于底板受力主筋之上，与板钝角平分线平行。
3. 本图适用于板宽0.99m实心板。

装配式钢筋混凝土简支实心板梁上部构造 跨径：10m 斜交角：30°	荷载标准：公路—Ⅱ级 桥面宽度：5.0m、6.5m、7.5m、8.5m
板底钝角加强钢筋构造图(一)	图 号：8-1

1/2板底钝角加强钢筋平面(30°)

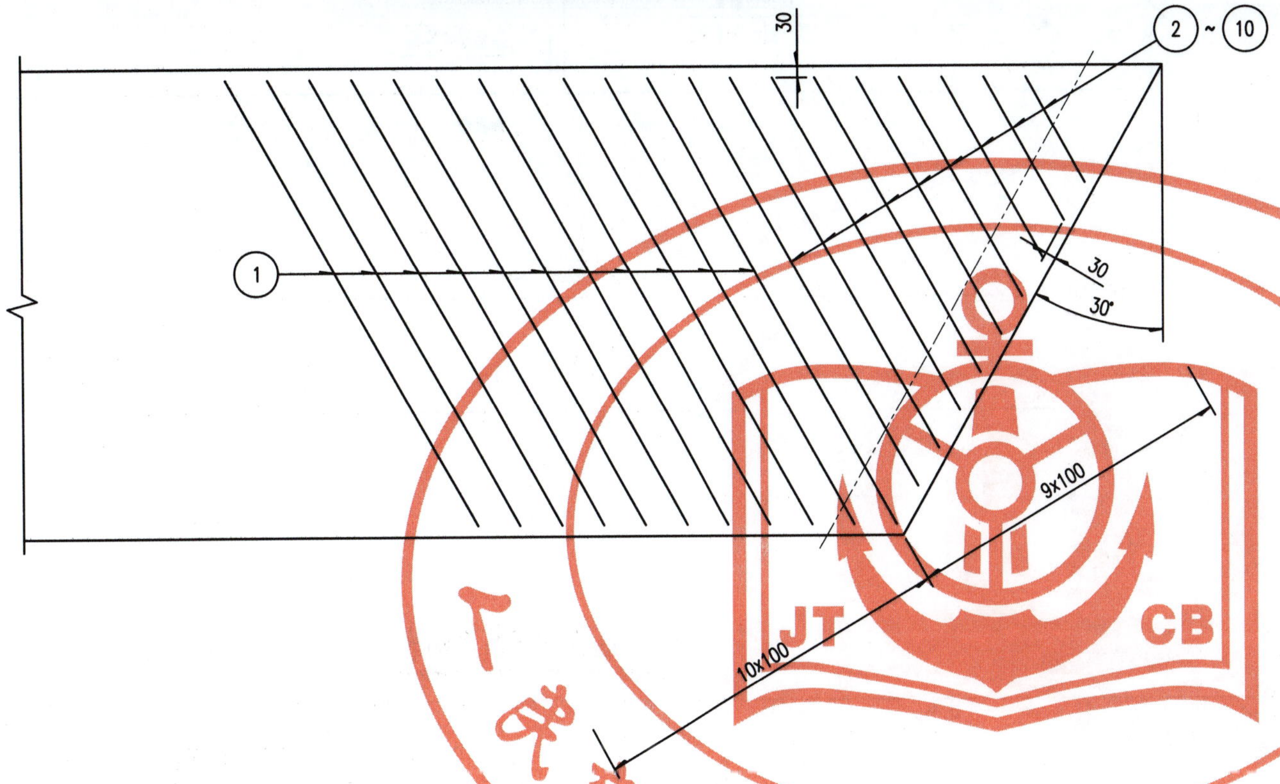

单块板底层钝角加强钢筋明细表

斜交角 α	钢筋编号	直径 (mm)	S (mm)	长度 (mm)	每板根数	共长 (m)	共重 (kg)	合计 (kg)
30°	1	Φ12	1363	1625	22	35.75	31.8	48.7
	2	Φ12	1248	1510	2	3.02	2.7	
	3	Φ12	1132	1394	2	2.79	2.5	
	4	Φ12	1017	1279	2	2.56	2.3	
	5	Φ12	901	1163	2	2.33	2.1	
	6	Φ12	786	1048	2	2.10	1.9	
	7	Φ12	670	932	2	1.86	1.7	
	8	Φ12	555	817	2	1.63	1.5	
	9	Φ12	439	701	2	1.40	1.2	
	10	Φ12	324	586	2	1.17	1.0	

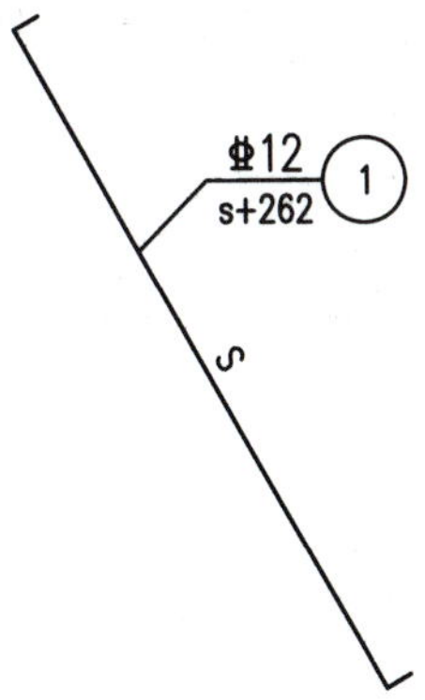

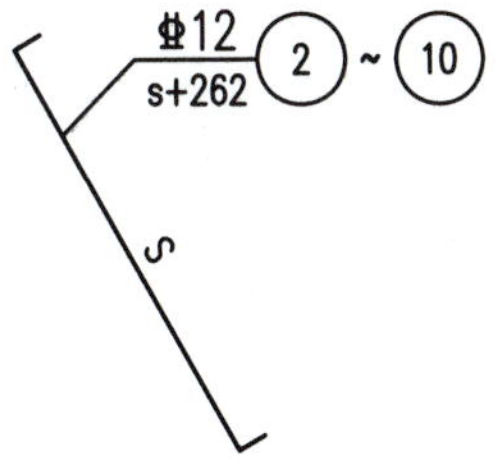

注:
1. 本图尺寸除注明者外，余均以毫米为单位。
2. 板底钝角加强钢筋绑扎于底板受力主筋之上,与板钝角平分线平行。
3. 本图适用于板宽1.24m实心板。

装配式钢筋混凝土简支实心板梁上部构造	荷载标准：公路—Ⅰ级
跨径：10m　　斜交角：30°	桥面宽度：5.0m、6.5m、7.5m、8.5m
板底钝角加强钢筋构造图(二)	图　号：8-2

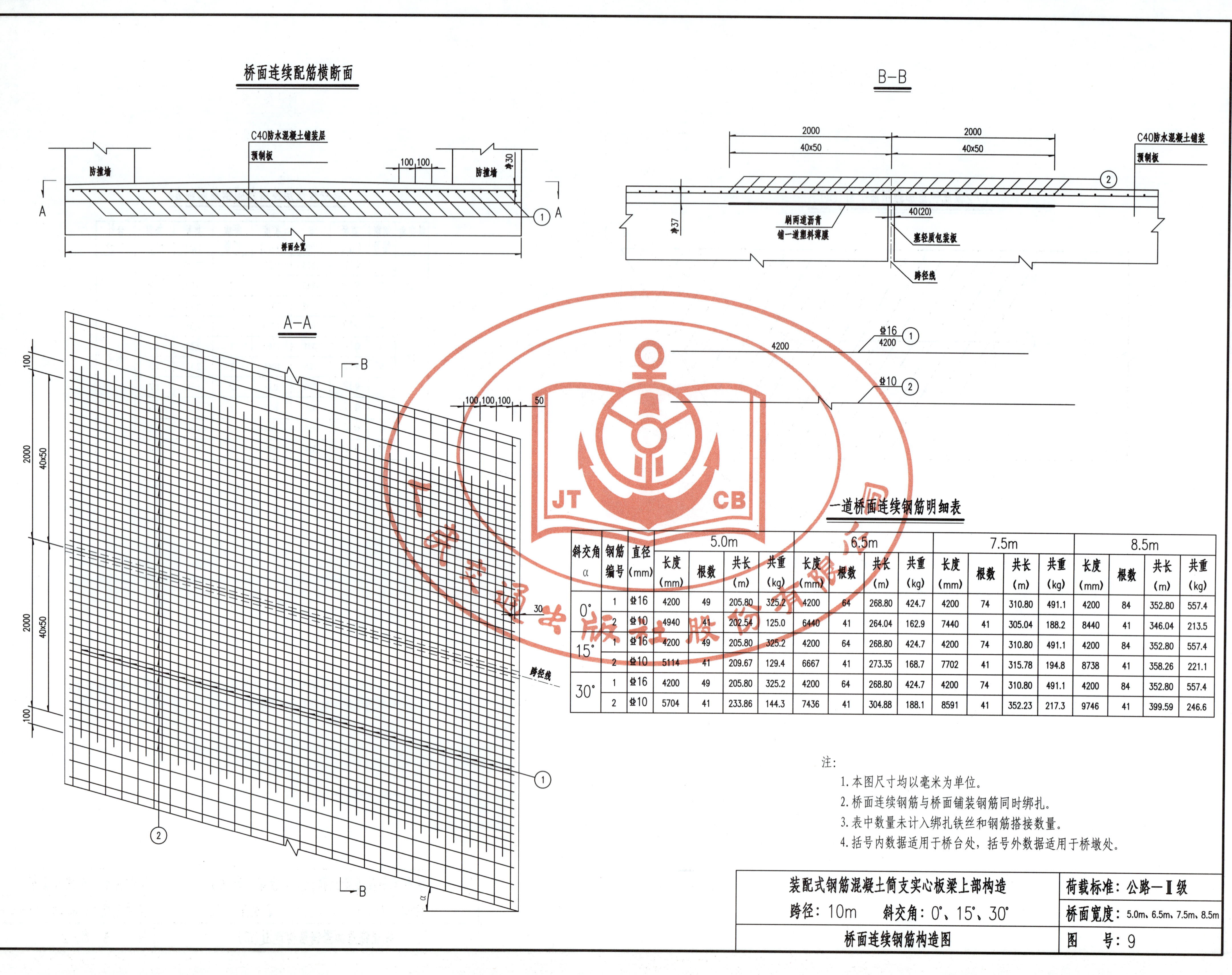

一道桥面连续钢筋明细表

斜交角 α	钢筋编号	直径 (mm)	5.0m 长度 (mm)	5.0m 根数	5.0m 共长 (m)	5.0m 共重 (kg)	6.5m 长度 (mm)	6.5m 根数	6.5m 共长 (m)	6.5m 共重 (kg)
0°	1	Φ16	4200	49	205.80	325.2	4200	64	268.80	424.7
	2	Φ10	4940	41	202.54	125.0	6440	41	264.04	162.9
15°	1	Φ16	4200	49	205.80	325.2	4200	64	268.80	424.7
	2	Φ10	5114	41	209.67	129.4	6667	41	273.35	168.7
30°	1	Φ16	4200	49	205.80	325.2	4200	64	268.80	424.7
	2	Φ10	5704	41	233.86	144.3	7436	41	304.88	188.1

斜交角 α	钢筋编号	7.5m 长度 (mm)	7.5m 根数	7.5m 共长 (m)	7.5m 共重 (kg)	8.5m 长度 (mm)	8.5m 根数	8.5m 共长 (m)	8.5m 共重 (kg)
0°	1	4200	74	310.80	491.1	4200	84	352.80	557.4
	2	7440	41	305.04	188.2	8440	41	346.04	213.5
15°	1	4200	74	310.80	491.1	4200	84	352.80	557.4
	2	7702	41	315.78	194.8	8738	41	358.26	221.1
30°	1	4200	74	310.80	491.1	4200	84	352.80	557.4
	2	8591	41	352.23	217.3	9746	41	399.59	246.6

注：

1. 本图尺寸均以毫米为单位。
2. 桥面连续钢筋与桥面铺装钢筋同时绑扎。
3. 表中数量未计入绑扎铁丝和钢筋搭接数量。
4. 括号内数据适用于桥台处，括号外数据适用于桥墩处。

装配式钢筋混凝土简支实心板梁上部构造	荷载标准：公路—Ⅱ级
跨径：10m　斜交角：0°、15°、30°	桥面宽度：5.0m、6.5m、7.5m、8.5m
桥面连续钢筋构造图	图　号：9

桥面铺装配筋横断面

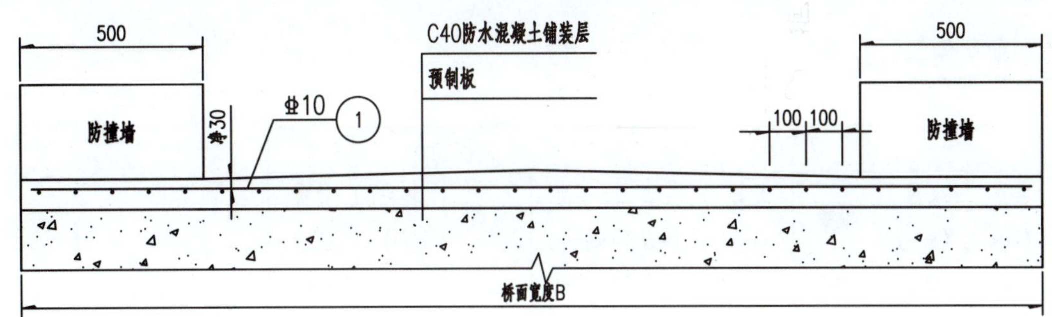

预埋箍筋施工大样

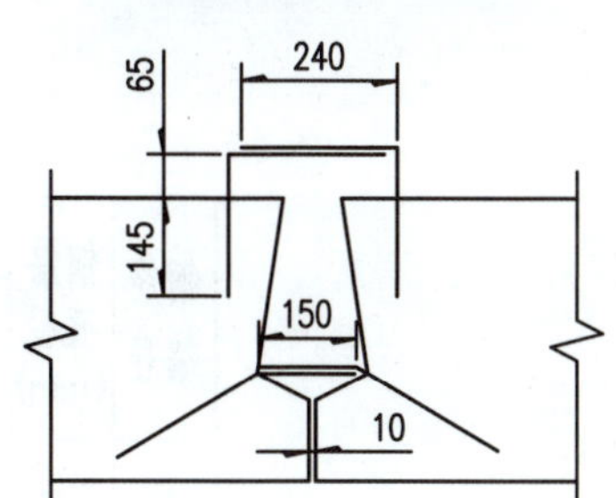

桥面铺装配筋平面

跨径线

100 100 100

50

30

10000

50

100 100 100

30

1

2

跨径线

铰缝钢筋

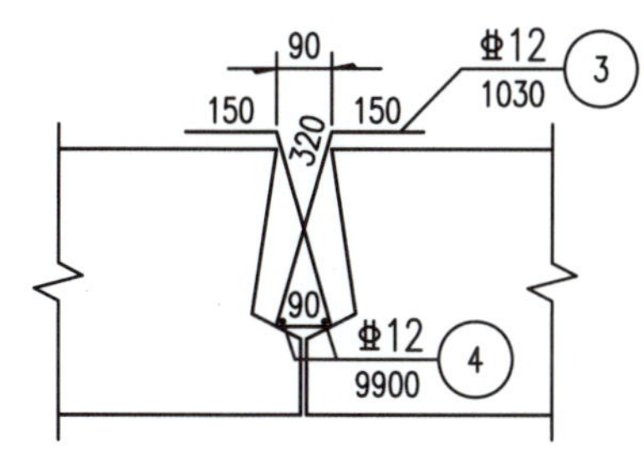

桥面铺装配筋纵断面

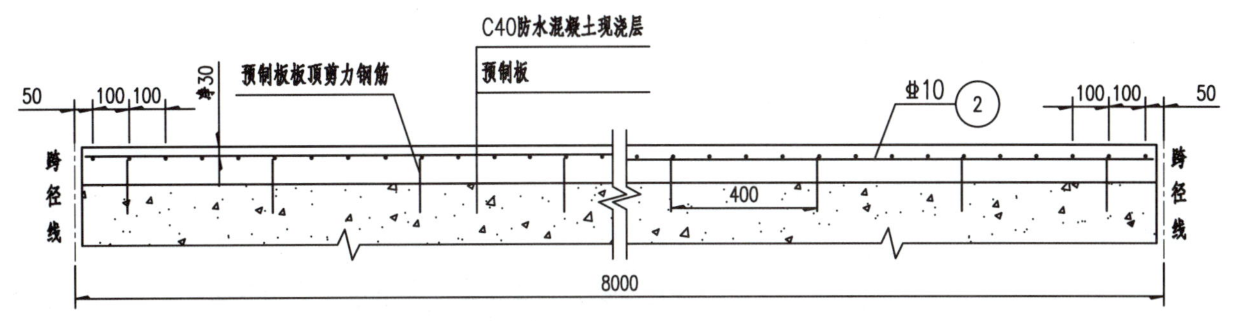

注:

1. 本图尺寸均以毫米为单位。
2. 铰缝钢筋N3、N4先绑扎好后放入铰缝内，并与预制板伸出的箍筋N10绑扎在一起，N3钢筋每隔150mm设置一根。
3. 预制板预埋伸出的箍筋大样及数量见板钢筋构造图。
4. 桥面铺装钢筋及铰缝钢筋数量见《桥面铺装及铰缝材料数量表》。
5. 桥面铺装采用⌀10焊接钢筋网(每平方米重量为12.33kg)。
6. 本图适用于一跨简支结构，当多跨桥面连续时，纵向钢筋在桥面连续处不断开。

装配式钢筋混凝土简支实心板梁上部构造 跨径：10m　斜交角：0°、15°、30°	荷载标准：公路—Ⅱ级
	桥面宽度：5.0m、6.5m、7.5m、8.5m
桥面铺装及铰缝钢筋构造图	图　号：10

一孔铰缝钢筋明细表

钢筋编号	钢筋直径(mm)	5.0m				6.5m				7.5m				8.5m			
		长度(mm)	根数	共长(m)	共重(kg)	长度(mm)	根数	共长(m)	共重(kg)	长度(mm)	根数	共长(m)	共重(kg)	长度(mm)	根数	共长(m)	共重(kg)
3	Φ12	1330	144	191.5	170.1	1330	180	239.4	212.6	1330	216	287.3	255.1	1330	252	335.2	297.7
4	Φ12	9900	8	79.2	70.3	9900	10	99.0	87.9	9900	12	118.8	105.5	9900	14	138.6	123.1

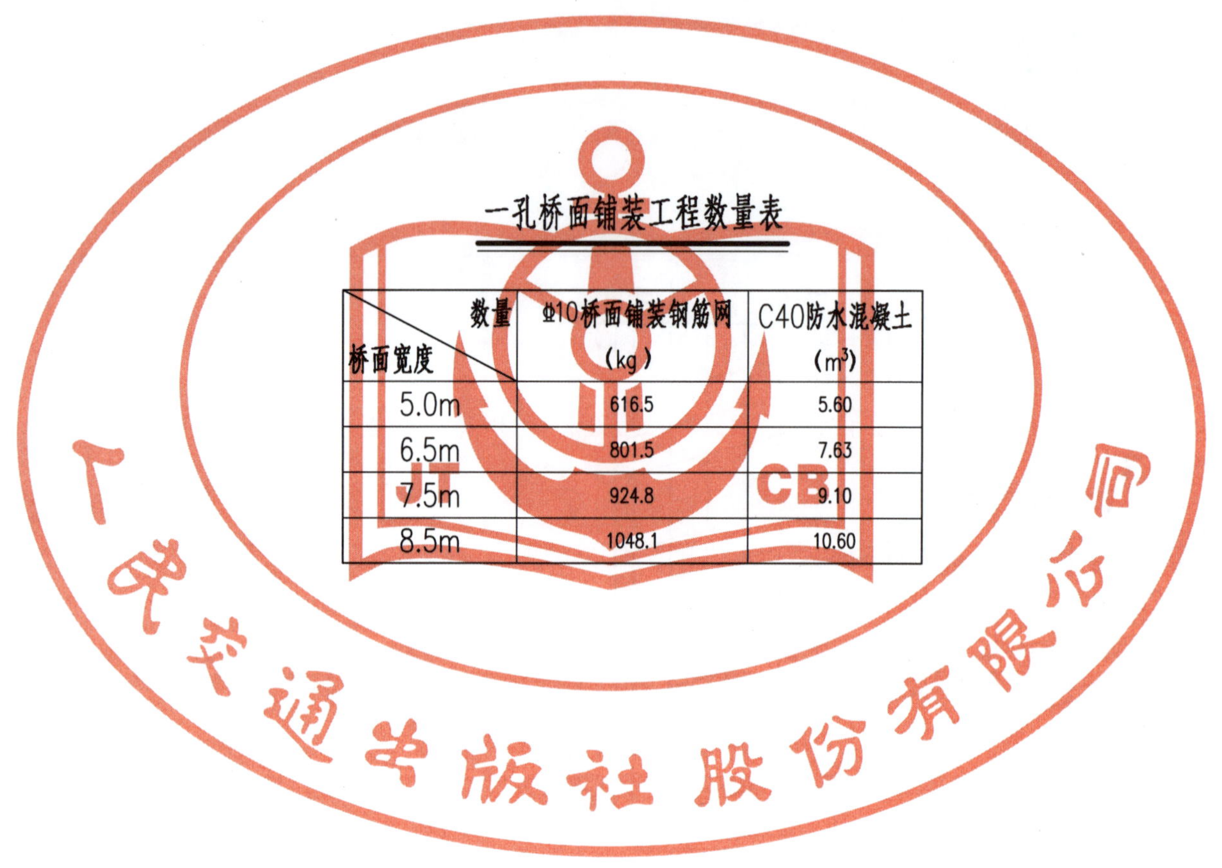

一孔桥面铺装工程数量表

桥面宽度 \ 数量	Φ10桥面铺装钢筋网(kg)	C40防水混凝土(m^3)
5.0m	616.5	5.60
6.5m	801.5	7.63
7.5m	924.8	9.10
8.5m	1048.1	10.60

注:

1. 本图尺寸均以毫米为单位。
2. 铰缝钢筋N3、N4先绑扎好后放入铰缝内，并与预制板伸出的箍筋N10绑扎在一起，N3钢筋每隔150mm设置一根。
3. 预制板预埋伸出的箍筋大样及数量见板钢筋构造图。
4. 表中数量未计入绑扎铁丝和钢筋搭接数量。

装配式钢筋混凝土简支实心板梁上部构造	荷载标准：公路—Ⅱ级
跨径：10m　斜交角：0°、15°、30°	桥面宽度：5.0m、6.5m、7.5m、8.5m
桥面铺装及铰缝材料数量表	图　号：11